RESEARCH ON THE LEGAL SYSTEM OF
SALARY FOR SCIENTIFIC RESEARCH PERSONNEL IN
FOREIGN SCIENCE FUND PROJECTS

国外科学基金项目
科研人员薪酬法律制度研究

韩　冰 等◎著

经济管理出版社
ECONOMY & MANAGEMENT PUBLISHING HOUSE

图书在版编目（CIP）数据

国外科学基金项目科研人员薪酬法律制度研究/韩冰等著.—北京：经济管理出版社，
2019.12
　ISBN 978 - 7 - 5096 - 6992 - 1

　Ⅰ.①国…　Ⅱ.①韩…　Ⅲ.①科研人员—劳动报酬—劳动法—研究—国外
Ⅳ.①D912.504

　中国版本图书馆 CIP 数据核字（2019）第 296182 号

组稿编辑：何　蒂
责任编辑：何　蒂
责任印制：黄章平
责任校对：赵天宇

出版发行：经济管理出版社
　　　　　（北京市海淀区北蜂窝 8 号中雅大厦 A 座 11 层　100038）
网　　　址：www. E - mp. com. cn
电　　　话：（010）51915602
印　　　刷：北京玺诚印务有限公司
经　　　销：新华书店
开　　　本：720mm×1000mm/16
印　　　张：10. 75
字　　　数：153 千字
版　　　次：2019 年 12 月第 1 版　　2019 年 12 月第 1 次印刷
书　　　号：ISBN 978 - 7 - 5096 - 6992 - 1
定　　　价：58. 00 元

前　言

　　科技革命和产业变革深刻改变着当今世界发展格局。党的十八大高瞻远瞩地明确提出实施创新驱动发展战略，强调科技创新是提高社会生产力和综合国力的战略支撑。在此背景下，国家加快深化科技体制机制改革，其中，科研项目资金管理改革是重要组成内容。当前，我国科技研发投入不断加大，已居世界第二位。科研人员量质齐升，截至 2018 年，我国研发人员总量达 418 万人，居世界第一。在新的历史发展阶段，提升科研经费治理能力，细化管理规范，将科研经费科学、合理、公平地分配给科研人员并有效激发科技工作者创新活力已成为我国进一步深化科研经费管理与使用制度改革的主要出发点与落脚点。

　　近年来，为规范科研经费使用，完善科研项目资金管理，我国先后出台了一系列文件与政策措施，科研经费管理与使用制度改革不断深化。为深入实施创新驱动发展战略，建立并完善以信任为前提的科研管理机制，更好地激发广大科研人员积极性，本书考察了美国国家自然科学基金会（National Science Foundation）、澳大利亚研究理事会（Australian Research Council）、欧盟"地平线 2020"、英国自然环境研究理事会（Natural Environment Research Council）、英国生物科技与生物科学研究理事会（Biotechnology and Biological Science Research Council）与日本学术振兴会（Japan Society for the Promotion of Science）

资助的科研项目关于科研人员薪酬的法律规定，并结合我国国家自然科学基金项目科研人员薪酬规定存在的问题，提出进一步完善我国国家自然科学基金项目关于科研人员薪酬问题可资借鉴与适用的制度设计及规范模式。

研究中，我们发现当前我国国家科学基金项目科研经费管理中存在的一些问题并非国家自然科学基金委等国家科学基金管理单位自身所能解决，还有赖于我国相关的政府主管部门进行顶层设计、深化改革与完善科研经费管理制度，因此本书分别从国家层面和国家自然科学基金两个层面提出完善建议。从国家顶层设计角度出发，建议如下：一是尊重劳动，将参加科研项目有工资收入的项目负责人、主要参加人员的劳务报酬纳入直接成本；二是统一管理，对于科研人员一定时期承担科研项目进行上限规定；三是坚持以人为本，增加"奖人"的项目；四是逐步探索，制定合理的间接费用比例。从国家自然科学基金委角度出发，建议如下：一是依法管理，制定细化明确的科研项目经费可支出科目；二是科学规范，结合依托单位类型制订科研项目经费管理规定；三是增设资助青年研究人员的研究项目。

本书的写作得到韩冰副研究员主持的国家自然科学基金委课题"国外科学基金项目科研人员薪酬法律制度研究"的资助。本书撰写分工如下：

韩冰：前言、第一章、第二章、第六章、第七章；

邱静：第四章、第五章；

王亚敏：第三章。

全书由韩冰负责统稿。统稿人充分尊重各位撰稿人的著述特色，未寻求体例文风的完全统一。当然，文责自负。本书仓促写就，旨在抛砖引玉，有不当之处，有待求教指正。

目　录

第一章　导　论

第一节　选题缘起

近年来，为规范科研经费使用，完善科研项目资金管理，我国先后出台了一系列文件与政策措施。尽管如此，随着一些科研经费舞弊案件的曝光，社会各界对于科研经费的管理与使用越来越关注，科研经费规范细化管理的重要性已成共识。与此同时，科研人员普遍反映，现行的科研经费管理与使用制度对于科研的促进不够友好，有必要针对这一制度进行调整。对科研经费进行有效的管理，影响着科研成果的质量，也影响着我国建设创新型国家战略的实现。

从我国科研经费管理相关规定来看，在科研经费使用方面，普遍规定科研人员不得从科研项目直接经费中取得劳务报酬。几类科学基金项目的经费管理办法，如《国家自然科学基金项目资助经费管理办法》《国家社会科学基金项目资助经费管理办法》，虽允许有劳务费支出项目，但仅限于课题组成员之外的参加项目研究的科研辅助人员、其他临时劳动人员，如参加项目研究、无工资性收入的研究生、博士生，课题组负责人、主要研究人员则不得从课题直接经费中取得任何报酬。科研人员所耗费的脑力、体力劳动无法正确体现，打击了科研人员的工作积极性，以致一些科研人员用虚假票据套取科研资金。有学者认为这已经给我国的科研事业造成严重损害。科研人员承担科研项目所投入的学术劳动是一种具有探索性和创新性的高强度劳动，这种劳动需要耗费大量的脑力与精力。因此有必要对科研经费中可否支出劳动报酬进行研究。本课题立项后，2016 年 7 月 31 日，针对科研经费管理中存在的问题，中共中央办公厅、国务院办公厅印发《关于进一步完善中央财政科研项目资金管理等政策的若干意见》。该意见规定，参与项目研究的研究生、博士后、访问学者以及项目聘用的研究人员、科研辅助人员等，均可开支劳务费。项目聘用人员的劳务费开支标准，参照当地科学研究和技术服务业从业人员平均工资水平，根据其在项目研究中承担的工作任务确定，其社会保险补助纳入劳务费科目列支。为贯彻落实《中共中央办公厅　国务院办公厅印发〈关于进一步完善中央财政科研项目资金管理等政策的若干意见〉的通知》精神，2016 年 12 月 27 日，财政部、国家自然科学基金委员会发布了《关于国家自然科学基金资助项目资金管理有关问题的补充通知》（财科教〔2016〕19 号），根据前述规定，在可以支取劳务费的人员中增加了"访问学者以及项目聘用的研究人员"，扩大了可以领取劳务费人员的范围。但需要注意的是，这里涉及一个问题，即课题组中有工资性收入人员可以开支劳务费吗？或者，有工资收入人员被项目聘用为研究人员是否可以从直接费用中支取劳务费？答案是否定的。但是，这并不表明有工资性收入的人员不能从项目中开支劳务费，依照《国家自然科学基金资助项目资金管理办法》规定，项目资助包括间接费用，而项目聘用的有工资收入的研究人员可以从依托单位确定的课题的间接费用的绩效支出中支取劳务费。根据国家政策变化，课题组在研究内容方面相应地增加了间接费用问题。

美国、日本、英国、澳大利亚等主要发达国家的科研实力与卓越的科技产出，与这些国家长期、稳定、巨额的科研经费支持不无关系，同时也受益于其对科研经费的有效管理。那么，美国等发达国家科学基金的科研经费中是否允许支付科研人员劳动报酬？其具体如何规定？从直接费用还是间接费用支出？考察主要发达国家科学基金资助规定中关于科研人员劳动报酬的规定与特点，可以为提高我国科研经费管理效率带来启示，并且可以为我国科研经费管理与使用制度改革提供借鉴与指引，具有重大的现实意义。

第二节　研究现状

与我国科研经费管理改革的实践相适应，近年来，国内学者对相关问题的研究逐渐加强。从收集到的文献资料看，目前关于国外科学基金科研经费的研究主要集中在以下两个方面：

一是关于国外科学基金科研经费管理的整体性研究。国丽娜（2014）的研究发现，美国国家科学基金会（NSF）以基于绩效的经费管理模式进行资助管理，以绩效为衡量标准制定了详细的管理规则来规范课题负责人以及受资助机构的权责。干瑾（2013）系统分析介绍了欧盟第七框架计划中的科研经费管理制度。王涛（2014）探讨了澳大利亚科研管理和监督的体系与特点，指出澳大利亚强调以绩效评估及审计等方式对科研经费开展预防为主的监管，科研产出效率高。黄素芳（2013）介绍了科技能力不断提升的德国在科研管理体制、科研经费管理体制上可资借鉴的做法。雷雯等（2015）介绍了英国政府科研经费的管理情况，指出英国的科研经费管理体制比较健全，预算的科学性和执行力比较强，同时积极引入市场竞争机制。在个人薪酬方面，科研项目中允许按工作量分摊个人的薪酬，但这种分摊并不影响科研人员总体收入水平，科研项目并不能为其带来额外收益。

二是关于国外科学基金科研经费预算、审计与监督的相关研究。戴国庆

（2006）分析了美国联邦政府科研经费的管理模式、监管方式，认为美国经验表明，科研经费监督工作要有明确的法律和法规要求，它们是保证经费监督的制度化、规范化和经常化的前提，要在监督机构的设立、权力、义务、责任到监督工作的具体操作执行和违规处理等方面都有明确的法律依据和保障，保证科技经费监督工作的独立、客观、公正，及违规处理的严肃性。姚王信（2012）研究了美国国家科学基金会的科研经费审计制度，指出其具有独立性、制度化、规范化等特点，效率较高。美国科研经费内部审计尤其关注科研经费的运行绩效，针对发现的影响科研绩效的因素提出具体的建议。田德桥（2008）等对美国国立卫生研究院科研经费投入情况进行分析，指出美国国立卫生研究院科研经费投入具有加强对年轻研究人员的资助的特点。严敏（2009）对英国最大的生物医学资助机构——英国医学研究理事会（MRC）在科研基金管理方面拥有的一套完善的制度体系予以介绍，包括 MRC 的机构预算制度与经费来源、重点科研领域及其资金分配情况、科研基金资助机制、同行评议制度等方面的科研基金管理制度，笔者认为其中同行评议制度的规范化的评审流程、评审内容与评审标准尤其值得我国借鉴。郝凤霞（2012）从欧盟框架计划管理的组织架构、财务管理、审计监控和知识产权归属四个方面分析了欧盟框架计划已形成的具有自己特色的项目管理模式，指出其注重资源配置、协调合作以及项目的管理与实施，尤其是任务安排的适当性、连续性和完整性以及合作关系的质量，对改进我国的研发项目管理绩效有所启示。

从现有的关于国外科学基金科研经费管理制度研究来看，整体而言，当前研究侧重于宏观层面的剖析，在具体实施层面的讨论有所欠缺，鲜有关于国外科学基金科研人员薪酬制度相关规定的细致与系统的论述。从国别研究层面看，相较而言，美国国家科学基金的相关研究内容较为丰富，其他发达国家科学基金的相关研究尚处于初期阶段。

第三节 研究目标、内容与技术路线

本书的主要研究目的是在充分查阅各国国家科学基金关于科研人员薪酬制度的相关文献和资料的基础上，系统与深入地研究国外有关国家科学基金关于科研人员薪酬制度规定，探索出对我国国家科学基金关于科研人员薪酬问题可供借鉴和适用的制度设计及规范，以指导有关的实践工作。

本书以国外科学基金资助的科研项目为研究重点，选取了美国国家科学基金会（National Science Foundation）、澳大利亚研究理事会（Australian Research Council）、欧盟"地平线2020"、英国自然环境研究理事会（Natural Environment Research Council）、英国生物科技与生物科学研究理事会（Biotechnology and Biological Science Research Council）与日本学术振兴会（Japan Society for the Promotion of Science）资助的科研项目关于科研人员薪酬规定为主要研究对象，围绕以下具体内容展开研究：一是梳理与分析美国、英国、澳大利亚、欧盟等科学基金资助办法中关于科研人员薪酬的相关规定；二是在国别研究基础上，概述与总结国外科学基金项目关于科研人员薪酬制度的特点；三是分析国外科学基金项目关于科研人员薪酬的法律制度规定；四是国外科学基金关于科研人员薪酬的法律规定对我国的借鉴意义；五是如何借鉴国外经验，完善我国科研经费管理制度，提出具体的政策建议。

研究拟解决的关键问题包括：一是国外科学基金资助办法中关于科研人员薪酬的下述规定：①可以从科研项目经费中支取劳动报酬的科研人员范围；②科研人员劳务报酬从项目经费中的直接费用还是间接费用中支出；③科研人员可支取的劳动报酬占项目经费的比例；④科研人员支取劳动报酬数额的等级与标准。二是科研人员薪酬规定属于科研经费管理制度的重要内容之一，为准

确描述与评价各国科学基金关于科研人员的薪酬制度，需要对相关国家科学基金关于科研经费的管理制度给予整体性的介绍。

在研究方法上，本书主要特色是将国别比较分析与具体规则分析紧密结合，形成一个综合研究框架，全面而系统地阐述国外科学基金项目关于科研人员薪酬的法律规定。通过探索国外科学基金框架下具有代表性的资助项目关于科研人员薪酬法律规定，并结合对当前我国科研经费管理与使用的实践分析，确定完善中国科学基金关于科研人员薪酬制度规定的最优政策选择。

本书按照如下技术路线开展研究，主要研究内容与逻辑关系如图 1 所示：

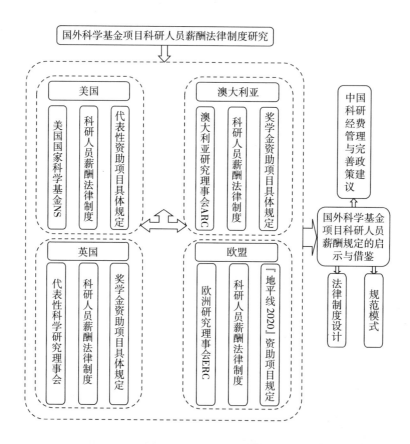

图 1　国外科学基金项目科研人员薪酬法律制度研究技术路线

　　在项目开题会上，项目研究组接受专家意见，在研究中增加日本科学基金内容，从而使研究内容进一步充实，并且能更全面地反映主要发达国家科学基金项目科研人员薪酬规定的图景。

第二章　美国科学基金项目科研人员薪酬法律制度

作为世界上最大的经济体与科技强国，美国不仅重视科研经费的投入，而且十分重视对科研经费的分配、使用和监督管理。美国实行的是多元分散型科技管理体制，没有统一的科技主管部门来管理整个国家的科技战略、政策和计划，不同领域的科技工作由不同的管理部门负责。[①] 1976 年设立的白宫科技政策办公室[②]（Office of Science and Technology Policy，OSTP）、国家科学技术委员会[③]（National Science and Technology Council，NSTC）和总统科学技术顾问

---

① 程如烟：《浅析美国联邦政府科研经费管理》，《世界科技研究与发展》2011 年第 4 期。

② 白宫科学技术政策办公室（Office of Science and Technology Policy，OSTP），负责向总统和总统行政办公室内的其他人员提供有关经济、国家安全、国土安全、卫生、外交关系、环境以及技术的恢复和资源使用等领域涉及科学、工程和技术方面问题的建议。Office of Science and Technology Policy，https：//www. whitehouse. gov/ostp/.

③ 国家科学技术委员会（NSTC）根据 1993 年 11 月 23 日的行政命令设立，是行政分支内协调不同机构科学与技术政策的主要机构。国家科学技术委员会负责召集联邦科技领导人，并为科学技术政策和投资制定明确的国家目标。理事会准备研究和发展战略，这些战略在联邦机构之间进行协调，旨在实现多个国家目标。白宫科学技术政策办公室（OSTP）负责监督 NSTC 进行的活动。Office of Science and Technology Policy，https：//www. whitehouse. gov/ostp/nstc/.

委员会①（President's Council of Advisors on Science and Technology，PCAST）这三个机构是联邦政府协调科学与技术政策的主要机构，协助美国行政管理与预算办公室（Office of Management and Budget，OMB）对联邦研发预算进行年度审查和分析，协同制定国家科学技术决策，并制定国家科技发展目标。

　　美国多元分散的科技管理体制决定了美国联邦科技经费的管理也采取了分散制的模式。联邦政府是美国科研经费的第二大来源，联邦政府中的国防部、卫生部、能源部、国家航空航天局以及国家科学基金会与科技活动密切相关，分别负责所辖领域的科研活动的管理以及编制自己的研发预算，并经白宫科技政策办公室、行政管理与预算办公室、国会、总统审议通过形成联邦年度预算法案，按照预算法案分别负责所辖经费的管理。研究显示，2005 年以来，前述五大政府部门管理着约 90% 的美国科研预算。② 其中，美国国家科学基金会（NSF）是联邦层面提供科研经费资助的主要来源。在过去的几十年中，美国国家科学基金会支持的基础性研究激发许多重要的改革，在刺激经济成长、改善人们生活和健康的质量方面发挥了至关重要的作用。美国国家科学基金会不仅对美国科学发展起到深远的影响，也是世界范围内各国通过发展科学基金资助本国基础研究的学习典范。③ 因此，下文以美国国家科学基金会为主要研究对象，考察美国科学基金科研经费管理与科研人员薪酬制度。

---

　　① 美国总统科学技术顾问委员会（PCAST）是一个咨询小组，在每个行政部门中均设有专门机构，其职责广泛，可为总统提供科学技术咨询。PCAST 最初是依照 13226 号行政命令建立的，最近依照 2019 年 10 月 22 日通过的行政命令重建。依照新的行政命令，PCAST 应就涉及科学、技术、教育和创新政策的事项向总统提供建议。理事会还应向总统提供必要的科学和技术信息，以指导与美国经济、美国工人、国家和国土安全以及其他主题有关的公共政策。PCAST 由科学技术政策办公室主任和总统任命的不超过 16 名其他成员组成。这些其他成员应包括来自联邦政府以外部门的杰出人士。他们在科学、技术、教育和创新方面应具有不同的观点和专业知识。President's Council of Advisors on Science and Technology，https：//www. whitehouse. gov/presidential － actions/executive － order － presidents － council － advisors － science － technology/.

　　② 吴卫红、杨婷、陈高翔、陈冬生、方勇：《美国联邦政府科研经费的二次分配模式及启示》，《科技管理研究》2017 年第 11 期。

　　③ 朱建红：《美国国家科学基金会成立背景述评》，《自然科学史研究》2003 年第 2 期。

第一节　美国国家科学基金会（NSF）
科研经费管理规定概述

一、美国国家科学基金会（NSF）简介①

美国国家科学基金会（National Science Foundation，NSF）是美国联邦政府资助基础科学研究与教育的重要机构。NSF 的设立最早可溯源至 1945 年万尼瓦·布什（Vannevar Bush）向杜鲁门（Harry S. Truman）总统提交的一份报告中提出成立制定和执行国家科学政策的机构、跨政府的委员会、行政和立法机构的常设顾问委员会。② 1950 年，国会正式创立美国国家科学基金会，其宗旨是促进科学进步，提升民众的健康状况、生活水平与福利以及保障国防安全。通过对基础研究以及创造知识改变未来的人才提供支持，NSF 为美国经济增长提供推动力，加强国家安全，提高知识水平，维持美国的全球领导地位。根据美国《国家科学基金会法案》，NSF 主要任务是保证美国在科学技术主要前沿领域具有领先地位。③ 《美国国家科学基金会 2020 年远景报告》明确指出："美国国家科学基金会应通过引领变革性研究、卓越的科学教育来确保美国在全球科学、工程和知识发展等方面的领先优势，从而达到促进经济发展、改善生活质量、保证国家安全等目标。"④ 在过去的几十年中，由 NSF 资助的

---

① 下文中关于美国国家科学基金会（NSF）内容主要来自 NSF 官方网站，https：//www.nsf.gov/about/glance.jsp。

② 江笑颜：《美国、日本科学基金组织管理机制的经验借鉴》，《科技创新发展战略研究》2018 年第 3 期。

③ The National Science Foundation，"AT A GLANCE"，https：//www.nsf.gov/about/glance.jsp。

④ National Science Board，"National Science Board 2020 Vision for the National Science Foundation"，NSB 05 – 142，December 2005.

研究人员获得了约236个诺贝尔奖以及其他无数荣誉。

具体而言，基金会组织法授权 NSF 从事以下活动：一是通过资助和合同启动和支持科学与工程研究和计划，以增强科学与工程研究的潜力以及各级教育计划，并评估研究对工业发展和总体福利的影响。二是授予科学和工程学研究生奖学金。三是促进美国和国外科学家与工程师之间科学信息的交换。四是培养和支持主要用于科学研究和教育的计算机及其他科学方法和技术的开发和使用。五是在将从事的研究和教育计划与其他联邦和非联邦计划相关联时，评估各种科学和工程的现状和需求，并考虑评估结果。六是提供一个中央信息交换所，以收集、解释和分析美国的科学和技术资源数据，并为其他联邦机构制定政策提供信息来源。七是确定大学和有关组织进行科学研究和工程研究（包括基础研究和应用研究）以及进行此类研究但不包括开发在内的设施建设所需的联邦资金总额，并每年就此向总统和国会报告。八是在与国际合作、国家安全以及科学技术应用对社会的影响有关的问题上，发起并支持具体的科学和工程活动。九是在学术机构和其他非营利机构中发起和支持包括应用研究在内的科学和工程研究，并在总的指导下，在其他组织中支持应用研究。十是建议并鼓励推行国家政策，以促进科学和工程领域的基础研究和教育。在整个美国，加强科学和工程学的研究和教育创新，包括个人的独立研究。十一是支持旨在增加妇女和少数族裔以及其他代表不足的科学与技术领域人员而举办的活动。①

美国国家科学基金会成立之初，经费并不充裕，例如1950年美国国家科学基金会总预算只有450万美元。在美苏争霸国际背景下，1957年苏联率先成功发射第一颗人造地球卫星，强烈刺激美国公众信心，总统和国会才开始意识到大学基础研究的重要性，1958年《国防教育法》的颁布成为美国联邦科技政策的重大转折，从高度重视国防研究转变到重视"空间、教育和科学"。

---

① The National Science Foundation, "AT A GLANCE", https：//www.nsf.gov/about/glance.jsp.

政策转变的实质是从重点支持短期功利性科技研究转变到支持符合国家长远利益的科学研究和教育基础的发展，在此背景下美国国家科学基金资助经费开始增长。至 2019 财年，美国国家科学基金会的预算增加到 81 亿美元，约占美国高校基础研究联邦预算总额的 27%。

美国国家科学基金会所资助的研究覆盖了大多数科学及工程领域，资助的形式包括提供研究经费，以及与 2000 多所大学、K12 学校系统、企业、非正式科研机构及其他研究机构开展合作。NSF 每年会收到约 4 万份有关研究、教育及培训项目的申请，约达 1.2 万项能够得到 NSF 拨款资助。此外，基金会还会收到数千个研究生和博士后奖学金（fellowships）的申请。

为了确保以公平、竞争、透明和深入的方式对研究计划进行评估，NSF 采用了严格的绩效评估系统。几乎每个研究计划都由至少 3 名独立的评审员进行评估，这些评审员由不在 NSF 工作的科学家、工程师和教育工作者组成。NSF 从每个领域的国家专家库中选择评审员，并且评审员的评估是保密的。平均而言，每年大约有 40000 名了解其领域现状的专家会抽出时间来担任审稿人。

美国国家科学基金会由 7 个学部、5 个专门业务办公室和 1 个综合办公室组成，其中总监察长办公室（OIG）直接向国家科学委员会和国会报告，并直接向国会申报经费。美国国家科学基金会总部有员工约 2100 人，其中全职员工约 1400 人。

美国国家科学基金会通过发布指南的方式，每年两次向全国征集科技项目。由符合基本条件的申请人公开申报，美国国家科学基金会组织专家进行评审，计划官员（Program Oficer）根据同行专家的评审意见，与项目负责人就申报项目的内容、适当的经费等问题进行面谈，最后报送上级主管，由上级主管根据实际情况批准项目经费。美国国家科学基金会平均每年支持美国及全世界约 20 万科学家、工程师、教育工作者和学生的研究。

二、美国国家科学基金会（NSF）科研经费管理法律依据

作为法治国家，美国实施科技管理活动依照一套内容丰富并且成熟稳定的科技法律政策体系。尽管美国政府对具体的科研活动干涉较少，但对于来自纳税人的政府研发资金，却高度重视其管理，而完善的管理制度又确保了美国联邦科研经费的高效利用。美国国家科学基金会的设立与管理也主要是依照包括《美国国家科学基金会法案》等在内的法律法规进行。

美国法律文件浩繁，因此采取统一编纂的方式以便于检索。《美国法典》（*United States Code*，USC）汇集了由总统签署的美国的基本性和永久性法律。该法典由美国国会众议院法律修订委员会办公室编纂出版，自 1926 年起，每 6 年印刷发行一次。该法典共分 50 篇（Title），每篇又分为若干部（Part）、分部（Subpart）、章（Chapter）、节（Subchapter）、条（Section）。在《美国法典》第四十二篇"公共卫生与福利"章节中的第十六章收录了《美国国家科学基金会法案》的内容。值得注意的是，该法典并不包括各行政机构颁发的法规或指令，也不包括法院的判决和州政府的法律。①

美国所有联邦政府机构在《联邦公报》（*Federal Register*）上所刊载的美国基本性与永久性法规和总统行政命令汇总编入《联邦法规全编》（*Code of Federal Regulations*，CFR）。《联邦法规全编》可谓是联邦政府法规大全，其内容也分为 50 篇，在每篇之下又分为章、部分、分部分、条等。《联邦法规全编》这 50 篇与《美国法典》中的 50 篇并不存在一一对应的关系，但其中有 27 篇是相同或相近的。在《联邦法规全编》第四十五篇"公共福利"第六章收录了关于"美国国家科学基金会"的具体规定，形成了专门以美国国家科学基金会命名的行政法规群，包括 29 个行政法规。② 美国国家科学基金会又依据联邦政府及《美国国家科学基金会法案》的授权，制定了包括《研究计划与资助政策和程序指南》在内的一系列规范性文件。

1993 年的《政府绩效和结果法案》（*Government Performance and Results Act*，

---

① 孙孟新：《美国科技领域法律政策概览》，《科技与法律》2004 年第 4 期。
② 李安、柯紫燕、潘黎萍：《美国国家科学基金法律制度研究》，中国社会科学出版社 2014 年版，第 6 页。

GPRA）要求联邦机构制定涵盖多年的战略计划，并要求每个机构提交年度绩效计划和年度绩效报告。该法案颁布后，NSF 基于预算在绩效管理框架下对科研项目经费使用予以详细规定。2011 年 1 月 4 日，奥巴马总统签署了 2010 年"GPRA 现代化法案" （Government Performance and Results Act Modernization Act，GPRAMA）。该法案对联邦政府的绩效管理框架进行了现代化，改革保留和扩大了 1993 年《政府绩效和结果法案》（GPRA）的某些方面，同时弥补其存在的一些缺陷，要求政府部门为提高政府效率和效力分析和使用绩效信息。"GPRA 现代化法案"（GPRAMA）帮助各机构把重点放在最高优先事项上，并且让数据和经验证据在政策、预算和管理决策中发挥更大作用。

美国国家科学基金会关于经费的管理主要是与美国白宫行政管理与预算办公室的规定相一致。为了保证联邦科研经费的正确、合理、有效使用，美国白宫行政管理与预算办公室（Office of Management and Budget，OMB）发布了一系列与科研经费相关的规定，NSF 作为联邦机构，其科研项目经费的管理需要依照这些规定。具体而言，这些规定包括：①Circular A-110，资助《高校、医院和其他非营利组织的统一管理要求》（*Uniform Administrative Requirements for Grants and Other Agreements with Institutions of Higher Education*，*Hospitals and Other Non-Profit Organizations*），该通知对资助非营利组织时涉及的事项进行了统一和规范。②Circular A-21，《教育机构成本准则》（*Cost Principles for Educational Institutions*），该通知针对美国联邦经费管理部门资助教育机构的研发、培训和其他活动时的成本列支，制定了统一的管理准则。③Circular A-122，《非营利组织成本准则》（*Cost Principles for Non-Profit Organizations*），该通知对资助非营利组织（不含教育机构）涉及的成本列支等提出统一的管理要求。④Circular A-133，《州、地方政府和非营利组织的审计规范》（*Audits of states*，*Local Governments*，*and Non-Profit Organizations*），该通知对美国联邦机构、地方政府和非营利组织的审计工作进行统一要求。①

上述文件可视为美国在联邦层面的财政科研经费管理规定。这些法规明确说明除非有联邦法令或美国总统的行政命令，否则任何联邦政府部门均不允许在经费资助过程中对资助对象附加额外的、与上述规定不一致的要求。这四项法规在适用范围上各不相同。Circular A－110 适用于高校、医院等非营利组织；Circular A－133 适用于非营利组织和政府机构；Circular A－21 仅适用于教育机构；Circular A－122 则适用于教育机构之外的其他非营利组织。以上规范性文件被编入《联邦法规全编》第二篇"资助与协议"中的第二百章"联邦资助的统一管理要求、成本原则与审计要求"中（见图 2）。

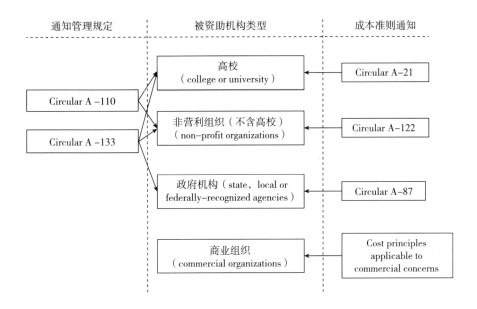

图 2　美国白宫管理与预算办公室制定的科研经费相关规定与适用机构②

① Office of Management and Budget，"Circulars：Educational and Non－profit Institutions Documents"，https：//www. whitehouse. gov/omb/circulars＿ index－education/.

② 黄劲松、陈智、赖院根：《中美财政科研经费管理规定的对比研究》，《全球科技经济瞭望》2016 年第 1 期。

美国国家科学基金会《研究计划与资助政策和程序指南》也相应地规定了其不同类型的依托单位适用不同的联邦成本准则与要求。对被资助机构而言，其适用的成本准则由其单位性质而不是资助机构来确定。依托单位有责任保证 NSF 资助的子项目的成本符合联邦成本原则。若项目适用的三类规范性文件：联邦成本原则、NSF《研究计划与资助政策和程序指南》以及 NSF 项目协议具体规定之间存在矛盾时，其规范权优先顺序按高低排列为：NSF 项目协议具体规定 > NSF 联邦成本原则 > NSF《研究计划与资助政策和程序指南》。[①]

三、美国国家科学基金会（NSF）科研项目经费构成

依照美国国家科学基金会的《研究计划与资助政策和程序指南》规定，其资助的科研项目可列支的科目包括直接成本、其他直接成本和间接成本三种。[②]

1. 直接成本

直接成本是可明确地归属于某一特定对象或能以较高的准确度直接分配到具体项目、活动上的费用。NSF 列出的直接成本主要包括：

（1）个人劳务补助。具体包括薪金、工资和附加福利。美国国家基金会对其资助的项目允许参与项目工作的科研人员支取薪酬补助，并且这部分费用列入直接成本。如果申请机构在现行会计制度中将员工福利（离职、员工保险、社会保险、退休或其他有关工薪的税务等）算作直接成本，美国国家基金会或同样将附加福利算作直接成本的一部分。该附加福利的数额以及种类通常由申请机构在申请中通过对于不同种类雇员（全职或兼职）的薪金预算提

---

① National Science Foundation（NSF），Proposal & Award Policies & Procedures Guide（PAPPG），"Part Ⅱ – Award & Administration Guide"，http：//www. nsf. gov/pubs/policydocs/pappguide/nsf13001/aagprint. pdf.

② 下文介绍主要译自美国国家科学基金会《研究计划与资助政策和程序指南》中的具体规定，不一一注明。National Science Foundation（NSF），Proposal & Award Policies & Procedures Guide（PAPPG），"Part Ⅱ – Award & Administration Guide"，http：//www. nsf. gov/pubs/policydocs/pappguide/nsf13 001/aagprint. pdf.

出。在依托单位的政策被联邦机构认可的情况下，附加福利同时可以通过每个员工在研究项目上的真实花费进行补偿。

附加福利不算作应计费用，但算作直接成本的一部分。这部分开支遵照"费用发生时即拨款制度"，即结算到员工最后一项研究活动为止。其目的是更好地解决大量员工离职、残疾、怀孕等在研究过程当中可能出现的突发情况。附加福利同时要遵从合理性判定，具体参照《联邦法规全编》第二篇"资助与协议"下的第二百章"联邦资助的统一管理要求、成本原则与审计要求"中的第431节关于附加福利的定义以及许可范围。

（2）大学内部咨询（Intra‑University Consulting）。研究人员在其所工作的高等教育机构内的咨询活动通常被认定为该研究人员在高等教育机构内所应当履行的义务，因此不能取得工资外的薪酬补助。但NSF规定在某些特殊情况下，一些跨部门的、远程的或其他独立的咨询，可以视为超出研究人员的常规义务。在这种情况下，若该咨询为该研究人员负责的联邦奖项项目，或被联邦奖项颁奖机构在书面文件上所许可，并符合既定的大学政策和适用的成本原则，该咨询产生的超出机构基本工资的任何额外的补助是被许可的，并且可以作为直接成本列出。

（3）联邦雇员。联邦政府（NSF除外）的员工可以作为项目的讲师或雇员，如果他们事先获得其机构的批准，并且为项目提供服务是在他们的正常工作时间之外或在休假时，他们可以获得补助或费用。在任何情况下，NSF员工都不能从NSF支持的项目中获得薪酬补助。

2. 其他直接成本

其他直接成本主要包括重组和改建、新闻发布费、差旅费等。NSF指出，关于这些费用的具体规定可参照《联邦法规全编》第二篇"资助与协议"中的第二百章"联邦资助的统一管理要求、成本原则与审计要求"中规定，也即前面提到的美国白宫管理与预算办公室（OMB）发布的一系列与科研经费相关的规定。依照《教育机构成本准则》（Circular A‑21），高校直接成本的构成包括：①工资薪金与福利费；②材料消耗费；③设备购置费（含大型专用设施使用费）；④差旅费；⑤转包合同。此外，Circular A - 21 和 Circular A - 122 还对开支核销款项进行了明确的规定。其中，Circular A - 21 对 54 个开支款项的涵盖范围、是否允许支出、适用情形等进行了详细的、原则性的说明。Circular A - 122 列出了 52 个开支款项，这些开支款项与 Circular A - 21 大体相同。

3. 间接成本

间接成本主要指公用建筑和设备的折旧以及各类行政管理费用的支出等，包括公共实验室仪器设备和图书资料的购置和维护成本、管理人员的工资及财务、人事等。美国间接成本制度的形成历经较长的过程，经历了由全额报销间接费用，到采用修正的总直接成本计算间接成本等过程，经历了 20 次左右的修改。[①]

美国国家科学基金会规定，除 NSF 计划招标中指出的情况外，受资助机构有权从拨款中获得间接费用（F&A）的补偿，这些费用可分配给 NSF 在项目允许的直接费用中的份额。美国国家科学基金会的项目工作人员无权将谈判间接费用作为研究计划预算的一个独立项目。NSF 项目工作人员也无权建议或要求项目首席研究员或项目负责人寻求减少或免除间接费用。

间接成本制度的主要法律依据是美国联邦行政管理和预算局制定并发布的科研经费管理规定，其中 Circulars A - 21 的规定较为详细，涵盖了美国高校间接成本分摊的主要项目，包括成本、费用如何确定及计算，为高校进行实际操作提供了明确的指南。

依照 OMB 的通知，大学科研间接成本被分成九大类别，包括折旧与使用津贴、利息、设备运行及维护费、一般行政管理费、院系管理费、项目管理费、图书馆使用费、学生管理与服务费等。具体来看，管理成本可以被定义为

---

① 王雷、赵亚楠：《美国科研经费间接成本制度及其启示》，《会计之友》2014 年第 17 期，第 31 - 36 页。

一般行政开支、部门管理、资助项目管理、学生管理和服务以及其他类型中的不能在某一项目下被精确列支的项目（包括来自其他资金的交叉分配）。对于每项间接成本，Circulars A - 21 中都有着明确的范围界定和针对不同情况的处理方法。以下以折旧和使用津贴与行政支出为例说明。

折旧和使用津贴的费用包括建筑物的使用成本、土地及楼宇的改造和设备成本等。对于用于单一功能的建筑物，对其折旧或使用所发生的费用应该归集到该功能项目下。对于多重功能的建筑，应在单个功能的基础上分配。如果每平方米的空间都用于多重功能，那么采用雇员全能等职或者雇员的工资来进行费用归集。

对于停车场、围墙、人行道等不能被包括在建筑物成本中的项目，应分配以不同的使用者类别，如学生和教工等。对于大型科研设施，当一个机构有大型科研设备且该设备超过 40% 的时间都被所申请的联邦项目占用，机构必须保证适当的检查和认证过程来确保该支出成本是合理的。对于超过 2500 万美元的科研设备，机构必须记录所进行的审查步骤，以确保成本是合理的。审查应包括对建筑成本的分析和比较这些成本与相关建筑数据等。

在编制预算时，直接成本一般根据实际需要列支；间接成本以直接成本为基础，其计算公式为：间接成本 = 直接成本修正总额（Modified Total Direct Costs，MTDC）×间接成本率。其中，直接成本修正总额指从直接成本总额中减去设备购置费、超过 2.5 万美元的转包合同等之后的费用。间接成本率（Indirect Cost Rate）指间接成本占直接成本修正总额的比重，由研究机构与联邦部门协商确定。[①] 以美国高校获得 NSF 资助项目为例，如果获得 NSF 资助的大学的科研项目的直接成本实际需求列支总额为 150000 美元，设备费为 60000 美元，则直接成本修正总额为 90000 美元，如果该大学与联邦协商确认的间接成本率为 50%，则可计算出间接成本金额为 90000 美元的 50%，即 45000 美

---

① 黄劲松、陈智、赖院根：《中美财政科研经费管理规定的对比研究》，《全球科技经济瞭望》2016 年第 1 期。

元，因此该项目的预算成本为 150000＋45000＝195000（美元）。

美国国家科学基金会规定，其资助的间接成本率一般以依托单位以前与联邦协商的间接成本率为基础确定。当依托单位以前没有设定比率时，NSF 会考虑预算申请的比率，经费总额和其他相关的财务因素。NSF 资助项目使用的间接费用率的管理方案如表 1 所示。

表 1　美国国家科学基金会关于间接费用率管理规定

间接费用率管理规定	具体内容
暂定间接费用率上限	在签订资助协议时确定的间接费用比率，是 NSF 阶段性拨付间接费用的依据；在会计期末依据当期实际发生的直接费用和间接费用确定最终的间接费用比率。项目期间，依托单位需在每会计年度期后 6 个月内，向 NSF 费用分析和审计决议机构申报当期实际间接费用金额
预定间接费用率	在估计阶段性费用的基础上确定，于该期间内不可调整。然而，若依托单位和主管机构协商结果，使已确定的间接费用率不适用于 NSF 资助项目，则依托单位可在新商议结果生效后，依据其确定的间接费用率，向 NSF 申请间接费用补偿
固定间接费用率	在估计整个项目期间费用的基础上确定，不允许调整
固定间接费用额	依托单位受预算核准的间接费用额限制，不允许调整

间接成本率的确定是美国科研经费管理的重点之一。美国联邦政府在拨付经费的时候，同时下拨直接成本和间接成本，在科研项目拨款通知单分别注明直接成本与间接成本的金额。受资助机构以预收的方式接受项目经费，然后根据其实际支出的直接成本，按照协商后的间接成本率确定最终的间接成本金额。受资助机构获得的科研间接成本补偿收入，用于补偿其提供设施及管理服务的成本。①

---

　　① 湛毅青、刘奇伟、向蓉等：《中美高校科研间接成本管理现状比较研究》，《科研管理》2008年第 3 期。

依照 Circular A - 122，对非营利组织（不含教育机构）间接成本率的确认主要依照以下原则：①对特定非营利组织，由对其资助金额最大的联邦机构负责与其协商并确定间接成本率；②间接成本率一旦确定，应被所有联邦机构所接受，也适用于该非营利组织承担的所有联邦资助科研项目；③尚未确定间接成本率的非营利组织，最迟在获得资助资格后 3 个月内提交首次协商申请书；④已确认间接成本率的非营利组织，在每一财年结束后 6 个月内提交新的协商申请书。①

Circular A - 21 对教育机构间接成本率的确定、流程等方面给予了明确规定。例如，由美国卫生与人类服务部（Department of Health and Human Service，HHS）或国防部（Department of Defense，DoD）负责与教育机构确认间接成本率，具体由哪个部门负责取决于谁在近 3 年内资助金额更大，实际工作中大多数教育机构都和卫生与人类服务部谈判；间接成本中的一般管理成本，其上限比例为直接成本修正总额的 26%。② 据 2001 年度美国大学数据交流协会提供的 46 所大学的间接成本率，其均值为 50.6%。③ 总体而言，美国高校的间接成本率普遍为40% ~60%，私立高校一般高于公立高校。④ 例如，2010 年的调查表明，当年美国高校平均的间接成本率为 48.2%，其中公立高校平均为46.5%，私立高校平均为 54.4%。⑤

例如，密西根大学每三年和美国卫生与人类服务部进行一次谈判，谈判确

---

① 黄劲松、陈智、赖院根：《中美财政科研经费管理规定的对比研究》，《全球科技经济瞭望》2016 年第 1 期。

② 湛毅青、刘奇伟、向蓉等：《中美高校科研间接成本管理现状比较研究》，《科研管理》2008年第 3 期。

③ 湛毅青、欧阳花、刘爱东：《美国大学政府科研项目间接成本资助政策研究》，《研究与发展管理》2009 年第 6 期。

④ AAU，"Strengthening the Government - University Partnership：A Discussion Paper on University Indirect Cost Reimbursements"，http：//www. aau. edu/WorkArea/DownloadAsset. aspx？id = 11702，2017 - 11 - 07.

⑤ Martha Lair Sale，R. Samuel Sale，"Indirect Cost Rate Variation Determinantsin University Research，an Empirical Investigation"，*Research in Higher Education Journal*，2010（6）.

定的科研经费间接费比率，不但对所有联邦政府资助的项目都适用，对所有非联邦政府资助的项目同样适用，2010～2014 年，密西根大学间接费比率一直在 55% 左右，很好地补偿了学校因承担科研活动所发生的各类成本。[1]

在间接成本率计算中，《A－21 通告》明确规定有一部分费用既不允许从直接成本列支，也不允许作为间接成本分摊。这些费用主要包括：酒精饮料；支持校友活动的经费；坏账及相关的法律费用等；娱乐费用，包括娱乐、社会活动及任何相关费用；罚款和处罚；集资和投资成本；住房成本（如折旧、维修、水电费、家具、租金等），住房补贴和机构人员的个人生活开支；闲置设施的成本；借来的资金，养老基金，临时使用或使用该机构的自有资金所产生的利息成本；某些游说成本；其他资助项目中的损失及不足等。[2]

四、美国国家科学基金会科研经费的审计监督管理

联邦政府对经费监管从国家立法、外部监督到内部控制等各方面都有严格的规定和要求，构成了完整的监督体系，对于保障经费的安全和合理使用起到了积极的作用。

美国国家科学基金会科研经费监督也具有一套从国家立法、外部监督到内部控制的完整和成熟的监督机制。根据经费监督主体，可将经费监督分为外部监督和内部监督两类，外部监督的主体是国会及其审计署，内部监督的主体是部门的总监察长办公室（Office Inspector General，OIG）。1989 年国家科学委员会（National Science Board，NSB）依据《总监察长法》设立独立于 NSF 的总监察长办公室（Office of Inspector General，OIG），直接向国家科学委员会和国会负责。外部监督职能主要由国会总审计署（The Government Accountability Office，GAO）承担，国家审计总署应国会的要求检查、评价并保证 OIG 对

---

① 胡勇军、赵文华：《中美研究型大学科研经费管理的比较研究——以美国密西根大学和上海交通大学为例》，《现代大学教育》2014 年第 3 期。

② 王雷、赵亚楠：《美国科研经费间接成本制度及其启示》，《会计之友》2014 年第 17 期。

NSF 实施有效监督。① 在不违背国家利益的情况下，必须向社会公众公布相关信息，接受公众监督。

总监察长办公室是相对独立的部门，其拥有对本部门计划的执行情况及其他相关事务，进行独立的、有目的的审计、评价、调查和检查的权力，并向部长、国会和公众提供及时、正确和可靠的信息。OIG 的主要工作内容之一是审计，即采取不定期的财务审计和绩效审计手段，审计经费使用的合理性和效益。调查也是其工作内容，主要关注重大管理和财务方面的问题，包括学术不端、剽窃，利益冲突等。

第二节　美国国家科学基金会（NSF）关于项目负责人、研究人员薪酬规定

美国国家科学基金会对于科研人员的薪酬规定非常细致，首先将参与项目研究的人员分为高级研究人员与一般研究人员。NSF 认为，高级研究人员包括首席研究员（Principal Investigator，PI）、项目负责人（Project Director，PD）以及项目依托单位认定的首席研究员之外的参与项目研究的研究人员（Faculty Associate）。NSF 在对于薪酬补助规定中，还对来自高校的研究人员与其他非高校机构的研究人员进行区分。

一、关于高级研究人员的薪酬政策

美国国家科学基金会认定学术研究是高校工作人员的正常工作之一。在所申请的研究项目周期内，研究人员在研究项目上所花费的时间将按照研究人员

---

① 沈煜、佟仁城：《美国国家科学基金会审计监督制度对我国的启示》，《科研管理》2009 年第 4 期。

所在机构的正常工资进行补助，即认为高等教育机构中的高级研究人员在任职期间参加项目研究工作的补助已包括在正常的工资之内。

一般而言，美国国家科学基金会对于研究人员在预算中所上报的薪酬补助不超过其两个月的正常工资。这一政策适用于美国国家科学基金会的所有拨款。对于薪酬补助的申请的提议必须遵照《联邦法规全编》第二篇"资助与协议"下的第二百章"联邦资助的统一管理要求、成本原则与审计要求"中的相关规定。如果研究人员对于工薪补偿的预期超过两个月，则必须在预算中明确提出，在对于预算的解释中证明其合理性，且必须被美国国家科学基金会在中标通知中的预算部分所许可。需要说明的是，美国大学教授的年工资一般是9个月的工资，但以12个月平均发放。按照"学年"任职的专职人员的暑期工资不得超过其正常学年工资的2/9，所有来自NSF资助的暑期工资也受此限制。这些规定同样适用于研究所等机构，由于他们规定的工作时间是全年，所以，额外支付NSF支持下的"暑期工资"是不合适的。一个独立的研究机构或实验室会临时雇佣学院或高等院校内的专业人员，在这种情况下，这些人员的总收入也不因承担基金项目而增加，其他学术机构也适用这一规定。[1]

由上述规定可知，在确定高级研究人员薪酬补助时"年"的定义比较重要，为此，在NSF新版的《研究计划与资助政策和程序指南》[2]中，专门补充规定依托单位负责界定和适用"年"一词，并将其对年的界定写入预算理由。据此，如何确定"年"的概念成为依托单位的责任，依托单位需要定义"年"并保证其适用的一致性。

在NSF《研究计划与资助政策和程序指南》第二章与第五章规定的情况下，依照重新编制预算的通常权力，依托单位可以在获得资助后通过真实工作时间来调整他所得的薪酬补助，即使补助的月的数量超出通常的（两个月）

---

① 李安、柯紫燕、潘黎萍：《美国国家科学基金法律制度研究》，中国社会科学出版社2014年版，第116页。

② 新版的《研究计划与资助政策和程序指南》于2018年1月29日生效。

薪酬补助政策。该调整不需要提前获得美国国家基金会许可，除非研究项目的目标和范围发生了改变。若要改变研究项目目标或范围，研究人员必须获得美国国家基金会的批准。该政策同样适用于其他非学术性机构。

为更准确地理解 NSF 的规定，下面对于《联邦法规全编》第二篇"资助与协议"下的第二百章"联邦资助的统一管理要求、成本原则与审计要求"中的部分相关规定予以简要介绍。

（1）关于薪酬补助的一般性规定。个人的薪酬补助包括工作人员在联邦资助项目中工作周期直接或累计支付的全部酬金，包括但不限于其相应的薪酬。个人薪酬补助同样包括附加福利，具体参照《美国联邦法规》第二部第200 章第431 节。补助的成本在满足相应要求的情况下是被许可的，对于个人的总薪酬补助应：①在一个对于其贡献相对合理的范围内，且遵循申请人所在的、非联邦机构的，且对于联邦和非联邦机构有连贯统一约束力的规定、条文，或书面政策；②遵从申请人所在的非联邦机构的申请中所提出的，遵循该非联邦机构的条款与规定的，且同时符合联邦法规的事宜；③在条件符合的情况下被本章规定所支持。

（2）薪酬补助的合理性。对于参与联邦资助项目的工作人员的薪酬补助，当该补助与该工作人员在其所在的非联邦机构内的其他类似工作所获得的经济利益保持一致时，该薪酬补助被认定是合理的。当参与联邦资助项目的工作人员类型在该非联邦机构的其他工作中没有先例时，若薪酬补助与劳务市场中从事同类工作的工作人员的薪酬是大致相符的，该薪酬补助被认定是合理的。

（3）在非联邦机构外的专业性活动。除非联邦资助机构所授权的安排，非联邦机构必须遵从它有关工作人员在非联邦机构外的专业性活动的非机构性薪酬补助的许可范围的书面政策。当这类非联邦机构的相应政策不存在或无法适当地定义在非联邦机构外的专业性活动的额外补助时，联邦政府会将该工作人员在联邦资助项目下的劳务分配在以下两者之间：①非联邦机构活动；②非机构性质的专业性活动。若联邦资助机构认为非联邦机构的专业性薪酬补助过多或与联邦资助机构的"利害冲突"条文之间存在矛盾，该资助数额应通过沟通交涉，并按照具体案例具体分析原则处理。

（4）不被许可的花费。首先，在其他条款中所不被允许的花销在本部分必须同样被禁止；其次，根据法律法规，对某些工作人员的薪酬补助有一个上限额度。

（5）奖金。因削减成本、高效工作、提供建议与安全等向工作人员发放激励性补助，只要总体薪酬补助被认定为合理，且遵照在项目开始之前非联邦机构与员工达成的基于诚信的协议，或遵照非联邦机构与其有关的、连贯统一的且有效的计划时，这类奖金是被允许的。

（6）高等教育院校。在联邦资助中，对于许可的工作人员薪酬补助在一些情况下需要经由特殊考虑以及合理的限制。在有协议的情况下，联邦资助的拨款可以涵盖一个合理数额的活动经费，若该活动与拨款项目直接相关。这种活动包括讲座、报告和文章撰写，起草与管理协议，管理材料与化学物品，管理和保护与项目相关的数据，协调研究工作，参与相应的研讨会，与同事或兼职研究生之间的咨询活动，参加会议等。

二、行政与办公室人员薪酬政策规定

NSF 规定，高等院校的行政人员和办公室人员的工资一般被视为项目研究的间接费用。但是，在满足一定的条件时也可以作为项目的直接费用：①行政或文书服务是一个项目或活动的组成部分；②参与项目的个人专门为项目或与之相关的活动服务；③这些费用明确地包括在批准的预算中，或事先获得 NSF 授权拨款官员的书面批准；④费用不作为间接费用收回。

三、时间要求

NSF 给予项目负责人较大的科研活动自主权，充分发挥科学家共同体在科研经费管理和使用中的道德约束和制度约束的作用。NSF 对项目负责人的约束

更加注重其是否在所在领域的专业水平以及是否能够尽最大的努力投入到所申请的项目上。

NSF 对项目负责人或合作的项目负责人短期缺席情况所采取的措施是：若项目负责人或合作项目负责人缺席项目为期 3 个月，则要求其通知依托单位有关官员，由依托单位通知 NSF 官员在临时缺席期间安排项目实施；若项目负责人或合作项目负责人从项目离开超过 3 个月时间（例如休假），依托单位应将项目监督安排以电子形式送交 NSF 批准，该信息必须在负责人离开前至少30 天时间或已知预期缺席可行的情况下提交，由 NSF 按规定保持或终止资助。

NSF 对项目负责人或合作项目负责人投入项目的工作时间比提案中预期时间大幅减少情况所采取的措施是：若确定为减少 25% 或更多的时间，应与依托单位有关官方人员和 NSF 计划官员进行协商；若确定减少时间将大大影响项目的成功实施，依托单位将与 NSF 资助和协议官员进行协商，由 NSF 决定替换项目负责人或者修改甚至终止项目。当项目负责人从一个组织转调至另一个组织时，NSF 将对资助进行处置——将促进资助转移并重新分配剩余的未结转资金至项目负责人的新组织。该资金转移通常通过制定 NSF、项目负责人的原单位和新单位三方协议来完成，资助的转移包括资金调拨、设备转让等，并商议调拨过程的可行性备选方案。[①]

四、具体项目举例

美国国家科学基金会注重资助大学及科研机构年轻教师和青年学者，既支持从事科研的准备阶段，也支持提高阶段，包括大学本科阶段、研究生阶段、博士后阶段和进入研究职业的各个阶段。通过学研、学教结合，保持美国整合全球人力资源的优势。NSF 每年至少要把 30% 的竞争性研究经费授予新人，当前 NSF 资助研究生教育和创新活动包括研究生研究奖学金、研究生

---

① 国丽娜：《基于法人责任的科研经费管理——以美国国家科学基金会为例》，《全球科技经济瞭望》2014 年第 7 期。

参与 K-12 教育系统教学项目奖学金、综合的研究生教育和研究训练津贴等。其中有代表性的奖学金项目包括研究生研究奖学金项目、博士后研究奖学金项目等。

1. 研究生研究奖学金项目（NSF Graduate Research Fellowship Program，GRFP）①

美国国家科学基金会的研究生研究奖学金计划（GRFP）是其旗舰计划之一。NSF 每年会收到 15000 多份研究生研究奖学金和博士后研究奖学金的申请。研究生研究奖学金计划旨在确保美国的科学和工程人员的活力和多样性。该项目主要支持科学、技术、工程和数学等学科申请硕士和博士学位的优秀研究生。研究生研究奖学金计划为已经证明在上述学科领域具有潜力完成显著研究成果的个人提供三年研究生教育支持。NSF 特别鼓励妇女，未被充分代表的少数民族、残疾人和退伍军人申请。NSF 还鼓励本科毕业生申请。这一奖学金项目每年颁发约 2000 份。

每年的招标计划中会列出当年的 GRFP 12 个月补助的金额。获奖期限内，获奖人只有遵守所有的奖学金条款和条件才有资格获得补助金。如果一个获奖者做出不符合 GRFP 机构标准和/或 NSF 规定的行为，NSF 保留停止发放研究员补助和终止奖学金的权利。

2017 年的招标计划中列明当年的奖学金为每年全额 69000 美元。奖学金包括生活补助和研究培训津贴两部分。生活补助按月发放，每月 4500 美元。另一部分为研究津贴，每年 15000 美元，这项津贴旨在支付获奖者研究和培训的费用，也可用于附加福利。附加福利的允许成本包括无论是作为一个团体或个人计划购买的个人或家庭健康保险（医疗、视力和/或牙科的任何组合）、残疾保险、退休储蓄、受抚养人照料和搬家费用。奖学金津贴由获奖者选择支付方式，既可以在每个研究金年度开始时按月发放，也可按年一次性支付。获

---

① NSF Graduate Research Fellowship Program（GRFP），https：//www.nsf.gov/funding/pgm_summ.jsp? pims_id=6201.

奖者对于津贴的花费享有自由裁量权，除了到外国旅行需要事先获得 NSF 批准。允许的费用包括差旅费，例如对其他机构或实验室的短期访问、调研以及参加科学会议、培训、特殊设备、信息技术设备和软件费用、出版费用、数据库访问费和其他研究所需相关费用。在 NSF 总监或国税局进行审计的情况下，研究员应保留支出记录文件，以防 NSF 监管部门或国税局需要审计。这些记录由获奖者自己保留，除非美国国家科学基金计划办公室要求提交，否则不提交给 NSF。奖学金通常是授予 24 个月或 36 个月。该奖学金是对获奖者个人的奖励，奖金不直接存入主办机构的账户，而是直接发放给获奖者。

2. 博士后研究奖学金（Postdoctoral Research Fellowships）[①]

博士后研究奖学金旨在为近期博士毕业生提供获得额外培训的机会，在已建立联系的科学家的支持下获得研究经验，并拓宽科学研究的范围，超越本科和研究生培训的视野。博士后研究奖学金旨在进一步帮助新科学家跨越传统的学科路线，并利用独特的研究资源、网站和包括在国外的设施。NSF 寻求促进来自科学界各个领域的科学家的参与，包括代表性不足的群体在内的社区研究方案和活动，博士后期间被认为是实现这一目标的一个重要的职业发展阶段。

下面以社会、行为和经济科学部（The Directorate for Social，Behavioral and Economic Sciences，SBE）的博士后研究奖学金为例说明。SBE 博士后研究奖学金（SPRF）计划的目标是促进 SBE 科学的基础研究，因此，每个奖学金的研究和培训计划都必须解决 SBE 理事会范围内的重要科学问题并依据征集的具体指导方针。与此同时，在科研人员职业生涯的早期提供博士后研究奖学金可以为科研人员开始独立研究提供一个机会。通过在合作导师指导下进行高级培训，获得博士学位未全职工作的科研人员尚可以利用为期两年的奖学金来为未来开启在学术界、工业界、私营部门和政府的科学事业做好准备。

---

① SBE Postdoctoral Research Fellowships（SPRF），https：//www. nsf. gov/funding/pgm_ summ. jsp? pims_ id = 504810.

SBE 博士后研究奖学金（SPRF）计划每年预计的最大资助金额约为 300 万美元，会颁发 15～20 个奖学金，具体视申请质量而定资金的可用性。博士后研究奖学金是对个人的奖励，申请者将研究计划提案直接提交给 NSF。申请者的申请需符合以下要求：

（1）申请者必须附属于一个机构，这个机构既可以是学术机构（学院和大学），也可以是非营利组织（如独立博物馆、天文台、研究实验室、专业协会和类似组织）。

（2）申请者要确定该机构内有一位科学家可以在奖学金获得期间，为其研究和培训提供指导。

（3）申请者必须是美国公民或国民，或在报名截止日期时成为法定居留的美国永久居民。

（4）在申请截止日期或之前的 36 个月内获得 SBE 科学博士学位或者在申请截止日期后 10 个月内取得博士学位且还没有进入全职教师职位。

（5）没有提交相同的研究计划到另一个 NSF 博士后研究奖学金项目。

（6）拟进行的研究将在申请者博士授予机构以外的机构进行。如果申请者选择留在他们目前所在的机构，项目描述应包括对这种选择如何有利于他们的研究和职业发展的解释。

（7）每位候选人每年只能提交一份博士后研究奖学金申请。

博士后研究奖学金获得者的奖金数额为每年全额 69000 美元。与研究生研究奖学金相同，也包括生活补助和研究培训津贴两部分。生活补助按月发放，每月 4500 美元。另一部分为研究津贴，每年 15000 美元。研究培训津贴可用于开支的范围与研究生研究奖学金范围基本相同。此外，博士后研究奖学金规定，在奖学金期间，获得者可以享有最多两个月的带薪休假，包括育儿或家庭假。奖学金授予时间为 24 个月，不能延期。为了完成奖学金资助的研究目标，获奖者可以申请延长奖学金期限，但不会增加研究费用。另外，奖学金获得者可以接受指导教授和非联邦基金机构可以提供的补充奖学金，但提供补充资金不能在奖学金支持的研究和培训之外增加获奖者额外责任。

为更好地了解 NSF 助学金的额度在美国科研人员薪酬中的水平，下面简要介绍一下美国的薪酬制度。美国科研人员的薪酬依据薪酬来源的不同，大致可以分为两类，一类是政府雇员系列，即公务员系列，其工资发放的资金来源于国家财政，即企业等上缴给国家或州政府税费，从国家或州政府来说是税收收入，联邦或州政府通过再分配途径支付给维持政府运行、服务于社会管理等人才。另一类为非政府雇员系列，即按照市场规律，受政府法律法规宏观调控的系列，包括企业、公司、非营利机构等，其人员工资来源于企业或生产部门的利润部分。①

联邦政府雇员系列现行的薪酬制度基础是 1923 年美国国会通过的《联邦政府职位分类法案》以及 1990 年生效的《联邦公务员可比性工资法案》。其中，《联邦公务员可比性工资法案》是目前政府雇员系列薪酬管理的依据，美国各州政府雇员系列薪酬与联邦政府基本一致。② 其薪酬制度主要分为两大类：一是法定工资制度。主要针对一般公务员，包括三种工资类别：①普通公务员（General Schedule，GS）工资，分 15 个级别，每个级别又划分为 10 个档次；②外交人员工资；③退伍军人健康管理人员工资。二是其他工资制度。主要针对高级公务员的工资 ES/SES、蓝领工人的工资 FWS 和按照行政法规决定的其他工资。③ 其中，普通雇员 GS 系列主要针对普通雇员，是联邦政府雇员工资系列中覆盖范围最广、适用人数最多的工资系列。普通雇员职位按照职位所赋予的资质、要求、任务、责任划分为 23 个职业类型，每个职业类型包含少于 100 个职业系列，其中每个系列的职位对应 GS 工资系列中的某个等级。④ 隶属联邦政府雇员细类的科研人员工作职位大多属于 GS 类。每一类中根据工作内容和领域进一步分序列。⑤ 表 2 是 2014 年生效的美国人事管理局公布的 GS 系列薪酬标准，通过此表可知，NSF 为研究生和博士后提供的生活补

---

①②③④⑤　李梦茹、董洁、车潵、户铁梅：《美国科研人员的薪酬制度研究及启示》，《全球科技经济瞭望》2015 年第 5 期。

助基本处于中等偏上薪酬水平。

表 2 2014 年美国 GS 系列薪酬

Grade	Step1	Step2	Step3	Step4	Step5	Step6	Step7	Step8	Step9	Step10	WGI
1	17981	18582	19180	19775	20373	20724	21315	21911	21934	22494	VERIES
2	20217	20698	21367	21934	22179	22831	23483	24135	24787	25439	VERIES
3	22058	22793	23528	24263	24998	25733	26468	27203	27938	28673	735
4	24763	25588	26413	27238	28063	28888	29713	30538	31363	32188	825
5	27705	28629	29553	30477	31401	32325	33249	34173	35097	36021	924
6	30883	31912	32941	33970	34999	36028	37057	38086	39115	40144	1029
7	34319	35463	36607	37751	38895	40039	41183	42327	43471	44615	1144
8	38007	39274	40541	41808	43075	44342	45609	46876	48143	49410	1267
9	41979	43378	44777	46176	47575	48974	50373	51772	53171	54570	1399
10	46229	47770	49311	50852	52393	53934	55475	57016	58557	60098	1541
11	50790	52483	54176	55869	57562	59255	60948	62641	64334	66027	1693
12	60877	62906	64935	66964	68993	71022	73051	75080	77109	79138	2029
13	72391	74804	77217	79630	82043	84456	86869	89282	91695	94108	2413
14	85544	88395	91246	94097	96948	99799	102650	105501	108352	111203	2851
15	100624	103978	107332	110686	114040	117394	120748	124102	127456	130810	3354

资料来源：https：//www. opm. gov/policy – data – oversight/pay – leave/salaries – wages/salary – tables/14Tables/html/GS. aspx。

第三节　美国国家科学基金项目科研人员薪酬规定的特点与总结

通过以上对美国国家科学基金会科研经费管理与科研人员薪酬的相关规定的介绍，可以对美国国家科学基金会关于科研人员薪酬的相关规定情况做出如下总结：

一、美国国家科学基金会关于科研人员薪酬的规定依照明确的法律法规执行

从前述介绍可知，美国国家科学基金会的设立与管理主要依照包括《美国国家科学基金会法案》等在内的法律法规进行。美国国家科学基金会依据联邦政府及《美国国家科学基金会法案》的授权，制定了包括《研究计划与资助政策和程序指南》在内的一系列规范性文件。为了保证联邦科研经费的正确、合理、有效使用，美国白宫管理与预算办公室（OMB）发布了一系列与科研经费相关的规定，NSF作为联邦机构，其科研项目经费的管理遵循这些规定。美国国家科学基金会《研究计划与资助政策和程序指南》也相应地规定了其不同类型的依托单位适用不同的联邦成本准则与要求。对被资助机构而言，其适用的成本准则由其单位性质而不是资助机构来确定。

二、美国国家科学基金会资助的科研项目中科研人员的薪酬一般列入直接成本

美国国家科学基金会科研项目经费构成包括直接成本、其他直接成本和间接成本。依照美国国家科学基金会的《研究计划与资助政策和程序指南》规

定，其资助的科研项目可列支的科目直接成本是可明确地归属于某一特定对象或能以较高的准确度直接分配到具体项目、活动上的费用。美国国家基金会对其资助的项目允许参与项目工作的科研人员支取薪酬补助，并且这部分费用列入直接成本。附加福利在符合受资助机构的会计实践时可以作为直接成本的一部分。其他直接成本主要包括重组和改建、新闻发布费、差旅费等。关于这些费用的具体规定可参照《联邦法规全编》第二篇"资助与协议"中的第二百章"联邦资助的统一管理要求、成本原则与审计要求"中规定，也即前面提到的美国白宫管理与预算办公室（OMB）发布的一系列与科研经费相关的规定。

三、美国国家科学基金会对于科研人员不能领取薪酬补贴的情况予以明确说明

这主要包括科研人员在其所工作的高等教育机构内的咨询活动通常被认定为该研究人员在高等教育机构内所应当履行的义务，因此不能取得工资外的薪酬补助。NSF 员工不能从 NSF 支持的项目中获得薪酬补助。

四、美国国家科学基金会资助的科研项目的间接成本高，可以补偿依托单位因承担科研活动所发生的各类成本

间接成本主要指公用建筑和设备的折旧以及各类行政管理费用的支出等，包括公共实验室仪器设备和图书资料的购置和维护成本、管理人员的工资及财务、人事等。间接成本比率的确定是美国科研经费管理的重点之一。美国联邦政府在拨付经费的时候，同时下拨直接成本和间接成本，在科研项目拨款通知单分别注明直接成本与间接成本的金额。受资助机构以预收的方式接受项目经费，然后根据其实际支出的直接成本，按照协商后的间接成本率确定最终的间接成本金额。受资助机构获得的科研间接成本补偿收入，用于补偿其提供设施及管理服务的成本。美国国家科学基金会规定，除 NSF 计划招标中指出的情况外，受资助机构有权从拨款中获得间接费用的补偿，其资助的间接成本率一般以依托单位以前与联邦协商的间接成本比率为基础确定。当依托单位以前没有设定比率时，NSF 会考虑预算申请的比率、经费总额和其他相关的财务因素。研究显示，美国高校的间接费用率普遍为 40% ~ 60%。

五、美国国家科学基金会对于高等教育机构中的高级研究人员从项目中可以领取的薪酬规定上限额度

美国国家科学基金会对于科研人员的薪酬规定非常细致，将参与项目研究的人员分为高级研究人员与一般研究人员。NSF 认为，高级研究人员包括首席研究员（Principal Investigator，PI）、项目负责人（Project Director，PD）以及项目依托单位认定的首席研究员之外的参与项目研究的研究人员（Faculty Associate）。NSF 在对于薪酬补助规定中，还对来自高校的研究人员与其他非高校机构的研究人员进行区分。

美国国家科学基金会认定学术研究是高校工作人员的正常工作之一。在所申请的研究项目周期内，研究人员在研究项目上所花费的时间将按照研究人员所在机构的正常工资进行补助，即认为高等教育机构中的高级研究人员在任职期间参加项目研究工作的补助已包括在正常的工资之内。

一般而言，美国国家科学基金会对于研究人员在预算中所上报的薪酬补助不超过其两个月内的正常工资。这一政策适用于美国国家科学基金会的所有拨款。对于薪酬补助的申请的提议必须遵照《美国联邦法规》第二部第 200 章 E 部分中的相关规定。如果研究人员对于工薪补偿的预期超过两个月，则必须在预算中明确提出，在对于预算的解释中证明其合理性，且必须被美国国家科学基金会在中标通知中的预算部分所许可。

六、美国国家科学基金会注重资助与培养青年研究人员，设立研究生研究奖学金计划与博士后研究奖学金等旗舰计划

这些计划有助于确保美国的科学和工程人员的活力和多样性，有助于培养

"可持续"的创新人才。研究生研究奖学金计划与博士后研究奖学金获奖者可以得到按月发放的生活补助，目前是每月 4500 美元。此外，还可以获得每年 15000 美元的研究培训津贴，获奖者对于津贴的使用享有自由裁量权，除了到外国旅行需要事先获得 NSF 批准。

第三章　澳大利亚科学基金项目科研人员薪酬法律制度

近年来，澳大利亚在科技领域发展迅速，成为新兴的科技发达国家。这一成就的取得，与澳大利亚对科研的高度重视和其健全的科研管理及监督体系密切相关。其中，科研资助是研究人员从事研究的财政基础，合理的科研经费管理制度能充分调动研究人员的积极性，促进科学研究良性发展，澳大利亚政府对此也给予了高度关注。

在 20 世纪 70 年代以前，澳大利亚联邦政府没有统一的研发与科技预算，没有全国性的科学咨询机构，也没有负责制定科技政策或协调全国研究工作的政府部门。自 20 世纪 70 年代后期尤其是 20 世纪 80 年代以来，澳大利亚对科研管理进行改革，科技政策逐步从对科学研究的自由放任转变为强调科技为国家的经济社会发展做贡献，政府也加大了对科研的投入，制定和实施了一系列科技发展战略和创新政策。①

澳大利亚的科研经费主要来自政府拨款，其分配与使用也由政府统筹管理，政府通过绩效评估和审计等方式对科研经费展开以预防为主的管理。澳大利亚的科研经费核心管理机构是澳大利亚研究理事会（The Australian Research

---

① 龚旭：《澳大利亚科技政策研究与战略制定的范例分析》，《研究与发展管理》2004 年第 2 期。

Council，ARC）和国家健康与医学研究理事会（National Health and Medical Research Council，NHMRC）。这两个机构掌握了澳大利亚大部分的科研经费。NHMRC 专门向健康与医疗领域的研究提供资助。ARC 的资助则面向此外的几乎所有学科，包括自然科学、社会科学和人文科学诸领域，其负责管理的"国家竞争性资助计划"（National Competitive Grants Program，NCGP）包括发现类项目和联合类项目两大部分，是澳大利亚研究与发展（R&D）体制的重要组成部分。其中，发现类项目是 NCGP 的基础构成部分。

鉴于 ARC 在澳大利亚科研经费管理体系中的核心地位及其主管领域的广泛性，以及发现类项目的基础性地位，本书将以澳大利亚研究理事会（ARC）及其管理的发现类项目为主要研究对象，考察澳大利亚的科研经费管理。

第一节　澳大利亚研究理事会（ARC）科研经费管理规定概述

一、澳大利亚研究理事会（ARC）简介

澳大利亚研究理事会（Australian Research Council，ARC）是隶属于澳大利亚教育与培训部（Department of Education and Training）的联邦机构。[①] 其主要职责是就科研事务向政府提供咨询、管理"国家竞争性资助计划"（NCGP）、管理澳大利亚卓越研究评估系统（Excellence in Research for Australia，ERA）。其中，NCGP 是澳大利亚在研究和发展领域进行投资的重要组成部分，平均每年提供约 8 亿澳元的资助，同时向个人、研究团体和大规模的中心提供申请机会。

---

① ARC 的主管部门几经变化，此前还曾隶属于澳大利亚联邦政府创新、工业、科学与研究部，但其基本职责并未因主管部门的变化而更改。

ARC 的科研资助活动即通过 NCGP 展开，用以支持高水平的基础研究、应用研究和研究培训。

NCGP 的资助项目主要包括两种：第一种是发现类项目（Discovery Program）。发现类项目重视基础研究在澳大利亚国家创新体系中的重要性，主要向个人研究者和小型研究团体提供资助。其目标在于：①为个人或研究团体从事的卓越基础研究提供支持；②集中力量加强优先发展研究领域（the research priority areas）的建设；③为科研人员在有利的环境中开展研究、取得最好的研究成果提供帮助；④扩大澳大利亚的知识储备，提升研究能力；⑤加强澳大利亚在研究领域的国际竞争力；⑥加强研究领域的国际合作。由于 NCGP 以基础研究为基本使命，因此重视基础研究的发现类项目是 NCGP 的基本构成部分。① 第二种是联合类项目（Linkage Program）。联合类项目注重在高校、企业及其他合作机构之间建立联系，旨在通过加强澳大利亚创新体系内部的联系及其与国际创新体系的联系，拓展研究合作方式，促进研究结果的应用，鼓励技术、知识和思想转化为商业或其他价值。②

根据《2001 年澳大利亚研究理事会法案》，ARC 的组织结构包括三部分：一是首席执行官（CEO）。CEO 是 ARC 的最高长官。二是各委员会。ARC 的委员会不是固定的，主管部长可以根据 ARC 行使职能的需要而设立一个委员会，也可以随时解散一个委员会。委员会的职能由部长以书面形式确定。目前，ARC 下设的委员会包括：ARC 咨询委员会（ARC Advisory Council），负责就 ARC 的战略规划、创新与科研以及科研培训、科研及科研培训的质量与成果评估等事项，向 CEO 提供咨询服务；审计委员会（ARC Audit Committee）；澳大利亚诚信研究委员会（Australian Research Integrity Committee），该委员会由 ARC 和 NHMRC 共同设立，负责审查相关机构处理研究不端行为申诉的进

---

① 唐伟华、黄玉：《澳大利亚国家科学基金法律制度研究——以 ARC 为对象的探讨》，中国社会科学出版社 2014 年版，第 40 页。

② 以上关于 ARC 与 NCGP 的介绍，主要来自 ARC 官方网站：http://www.arc.gov.au/。

程；卓越研究评估委员会（ERA Committees）；国家竞争性资助计划委员会（NCGP Committees）。三是机构工作人员。这些人员根据澳大利亚《1999 年公共服务法》聘用，在 ARC 内部各机构承担相关工作。

ARC 管理包括科研经费在内的项目事务，直接的依据是《2001 年澳大利亚研究理事会法案》（*Australian Research Council Act* 2001）和各类项目资助办法。《2001 年澳大利亚研究理事会法案》由澳大利亚议会通过，是 ARC 开展项目管理工作的基本法律。其主要内容如下：一是介绍 ARC 的组织机构及职能，包括 ARC 及其下属的各委员会的设立及职责，ARC 首席执行官（CEO）的任命、职能及其他工作人员；二是介绍 ARC 的职责，主要是与项目资助相关的内容，包括资助申请的建议、审批、变更，项目经费的使用管理，资助办法的制定、变更，捐款账户的管理，等等。该法案自 2001 年制定公布以来，经历多次修订。

ARC 的各类项目资助办法以《2001 年澳大利亚研究理事会法案》为依据制定。根据《2001 年澳大利亚研究理事会法案》，ARC 的 CEO 须在每一资助实施年度开始之前，参照有关的预算划分决定，书面制定出针对该年度各研究类型的一系列资助办法，提交主管部长（即澳大利亚教育与培训部部长，以下简称部长）审批。部长根据情况可能予以批准，也可能将其返还给 ARC 的 CEO，并书面要求其提交一份根据部长意见修改的资助办法。资助办法经部长批准方可生效。资助办法的内容主要包括：对项目参加机构及参加人的资格与管理要求，项目经费的资助水平、周期、预算支出范围，资助申请的提出、评议与筛选，申诉、报告制度，等等。由于 ARC 的资助项目主要包括发现类项目和联合类项目，相应地，其资助办法也分别针对这两类项目制定。以 2017 年的资助办法为例，分别为《2017 年发现类项目资助办法》和《2017 年联合类项目资助办法》。

此外，资助协议也是 ARC 进行项目资助管理的重要依据。在资助申请获得批准后，资助经费划拨之前，依托单位与 ARC 作为协议双方签订资助协议。

资助协议是格式合同，由 ARC 制定，主要内容涉及项目人员的组成与管理、项目经费的划拨与使用、审议与监督、争端解决等内容。

二、澳大利亚研究理事会（ARC）科研经费管理规定①

澳大利亚对科研经费的申请、分配、使用实施严格规制，并通过绩效评估、审计等方式对科研经费展开预防为主的监管。② 以下主要通过 ARC 主管项目的经费管理活动，对澳大利亚科研经费管理制度作一概述。

1. 科研经费的分配

ARC 借鉴英国科研评估系统（the Research Assessment Exercise，RAE），建立了澳大利亚的卓越研究评估系统（Excellence in Research for Australia，ERA）。该系统建立了综合评价指标体系，聘请经验丰富且国际公认的专家组成专家委员会，主要评估澳大利亚的高等教育机构及学科研究能力，为具备国际竞争力的院校和学科寻找投资计划。科研评估结果将作为 ARC 向一些具有国际竞争力的院校和学科开展重点投资的依据。澳大利亚的高校和科研机构都对 ERA 评估非常重视，以争取更多的经费投入。③

就 ARC 主管的项目而言，其主管部门的部长，即澳大利亚教育与培训部部长，必须在每年年初的时候，以书面形式确定每一年度的资助总额，并决定各类研究计划的分配比例。在两类或两类以上的研究计划间进行资助经费的分配时，应确定每一类别的资助比例范围。对于上述比例分配决定，部长可以在符合相关规定的前提下予以修改。

---

① 以下内容除特别注明外，均引自《2001 年澳大利亚研究理事会法案》。部分翻译参考了唐伟华、黄玉：《澳大利亚国家科学基金法律制度研究——以 ARC 为对象的探讨》，中国社会科学出版社 2014 年版，第 25－36 页。

② 王涛、夏秀芹、洪真裁：《澳大利亚科研管理和监督的体系、特点及启示》，《国家教育行政学院学报》2014 年第 11 期。

③ 夏秀芹：《澳大利亚科研经费管理和促进研究产业化对我国高校的启示——以澳大利亚国立大学为例》，《高教论坛》2012 年第 3 期。

2. 科研经费的申请、批准、变更与拨付

项目经费的申请，由依托单位（Administering Organization）向 ARC 提出。ARC 一般只接受单位的申请，不直接接受个人的申请。ARC 在项目资助办法中，列举了有资格提出项目申请的单位，即适格单位（Eligible Organisation）。适格单位以高校为主，也包括少量研究机构。申请人制作申请书，应根据 ARC 的要求做出预算。ARC 对人员经费的管理非常严格，在项目资助办法中明确了预算支出的允许范围和禁止范围。

申请书的内容应当完整，不需要再作额外的书面或口头解释，相关内容以提交时的状态为准。如果 ARC 认为申请书中存在不完整、不准确、可能是错误的或具有误导性的信息，那么其有绝对的裁量权，可以决定就该项目向主管部长提出不能批准的建议。

申请提出后，要依照一定的程序，接受同行专家的评议。科研经费的使用也是评议内容之一。评议学科组根据筛选和评议结果，向 ARC 的首席执行长官（CEO）提出资助建议。CEO 在此建议基础上向部长提出批准建议。建议应包括以下内容：一是根据 ARC 的相关规定，应予批准或不应批准的资助申请；二是对建议批准的资助申请，应给予的资助额度。此外，CEO 提出的建议还应包含以下信息：①申请资助的依托单位的名称；②关于研究项目的说明；③研究项目负责人的姓名与头衔；④对提出资助申请的研究项目，建议批准或不予批准的理由。

部长对项目申请拥有批准决定权，但不得干涉 CEO 的建议内容。部长可以（但不是必须）完全依赖 CEO 的建议，做出批准决定。

在建议提出之后，部长尚未对批准建议做出决定前，若资助总额度或每一年的资助额度、所依据的资助办法有修改，部长不应理会，而应根据建议提出时的相关信息做出批准决定。在建议做出之后，部长可以根据相关资助办法的规定，以书面形式对批准文件做出修改，但上述变更必须符合获批项目所涉年度（或每一年度）的资助额度上限与资助划分决定，并不得使已批准的年度资助额少于已划拨的资助金额（包括预付经费）。

若某一研究项目获得批准，部长应该在预估的基础上，以书面形式确定拨付给该研究项目的资助额度。如果该研究项目涉及两年或两年以上的实施期间，则部长还须对每一年度的资助额度予以确定，每一年度的资助额度不必相同。在以上决定做出之后，部长应在议会 15 日会期之内，将批准文件的副本提交议会备案。批准文件必须包含下列信息：①获批的依托单位的名称；②对获批的研究项目的说明；③获批研究项目负责人的姓名及头衔；④对获批研究项目的资助额度（若研究项目涉及两年或两年以上的实施期间，还需说明每一年度的资助额度）。

经费的拨付额度、拨付时间均由部长决定。项目经费均拨付给依托单位，不能直接拨付给研究个人或团体。

3. 依托单位对科研经费的管理

依托单位对经费有管理的权限和职责，通常会设立专门的部门主管这一事务。依托单位应严格按照相关法律与资助协议的要求，管理和监督科研项目的开展和科研经费的使用，监督项目进程，还应为科研人员开展项目研究提供必要的条件。以下根据《2001 年澳大利亚研究理事会法案》，并以 ARC 的发现类项目为例①，介绍依托单位对科研经费的管理情况。

依托单位要保证，每一个项目都按照协议严谨而充分地开展，并与项目申请书中的"描述"一致。项目的支出不仅应当与申请书中的"项目描述"相一致，且不能超出申请书中列出的"项目支出"结构。项目预算、目标及研究计划的任何修改，都应当获得 ARC 的同意。经修改的项目预算、目标、研究计划如果已经由依托单位提交给 ARC 并获得 ARC 的同意，则项目实施也必须与之一致。如果拨付的经费比申请的少，则依托单位应确保在项目开始之前，修改的预算已获得项目负责人同意。

---

① 相关信息参见 ARC《2017 年发现类项目资助办法》和 ARC《2017 年发现类项目资助协议》。

依托单位不得以如下方式使用项目经费：①基于项目资助办法中明确排除的目的使用经费；②将经费用于被作为特殊情况明确禁止的项目；③将经费用于购买酒精饮料；④基于项目资助协议明确禁止的目的使用经费。除非征得 ARC 的同意，否则，项目经费不得用于资助任何已经、正在或将要获得联邦资助的研究和/或活动。如果任何与项目中正在进行的研究和/或活动相似的研究和/或活动获得了联邦的经费支持，应立即通知 ARC，ARC 可以决定是否终止重复资助或收回已重复资助的部分。

依托单位必须确保，项目的主要研究人员（或经 ARC 同意的替代人员）有足够的时间和能力来开展项目，同时向其提供项目相关的基本设施。依托单位还应当向研究人员提供申请书中明确提出的、实施项目所必需的资源。

若发生下列情况之一，则中止支付项目经费：①依托单位与研究项目脱离关系；②研究项目发生变化，以致与资助批准文件中的项目描述不符；③资助批准文件中确定的项目负责人不再负责该项目。如果部长通知依托单位，其已确信依托单位未能满足某项资助条件，则依托单位须根据部长要求的、不超过资助经费总额的数额返还相应经费（如果有的话）。如果已经拨付给依托单位的资助额度超过了应拨付的金额，则依托单位应将超过的部分等额返还。

如果发生下列情况，ARC 可以书面通知依托单位，立即停止资助：①依托单位实施了联邦政府认为无法挽救的违反资助协议的行为；②ARC 对项目进展不满意；③ARC 有理由认为，资助协议中列出的与项目相关的一项或多项资助条件没有得到满足；④ARC 有理由相信，申请书或根据资助协议提交的报告中有关项目的信息不准确、不完整或具有误导性；⑤ARC 有理由相信，依托单位、与项目相关的任何人员或参与机构存在欺诈或误导行为；⑥ARC 收到项目工作将终止或已经终止的通知；⑦依托单位不能继续履行职责；⑧由于政府政策或其他政府相关要求的变动，联邦政府终止了其承诺；⑨ARC 认为，针对研究信用和对不法研究行为的指控进行的调查结果显示，项目经费批准的选择过程、批准建议或受资助的研究项目在信用上受到损害。

如果 ARC 停止拨付经费，则：①依托单位必须立即采取可以采取的合理措施，停止任何经费支出；②依托单位必须在协议规定的时间内，提交协议要求的报告；③ARC 可能收回全部或部分经费。

依托单位在资助申请所涉年度的支出总额（该年度年底前的支出总额，或自开始履行资助协议的义务开始，到该年度末为止这一期间的支出总额），不得少于根据资助申请依法划拨给依托单位的该年度经费总额。在依托单位未能用尽某一年度所拨付经费的情况下，如果能满足前次经费划拨条件或部长确定的其他条件，依托单位可留存余额，作为下一年度的经费。项目结束时，没有用完的经费或者多资助的部分，可能由联邦政府收回。依托单位超出项目预算部分的支出，由其自行承担。

依托单位应根据 ARC 的要求提交相关报告，包括年终报告、进展报告、结项报告和经审计的财务报告。依托单位要为获得资助的项目设定专门账户，公开所有账目的支出状况，接受监督。依托单位还应满足适用的资助办法规定的所有附属性义务的要求，以及部长通过书面形式规定的相关条件。

4. 对科研机构和科研人员的行为规制

2007 年，澳大利亚联邦政府发布了由 NHMRC、ARC 和大学联盟共同起草的《澳大利亚负责任研究行为准则》（*Australian Code for the Responsible Conduct of Rsearch*，以下简称《准则》），作为澳大利亚科研机构和科研人员的基本行为规范。《准则》规定了科研不端行为的界定与归责等实体问题、调查处理科研不端行为的程序问题。《准则》列举了 10 种主要的科研不端行为：伪造科研成果，歪曲研究数据或成果，剽窃，关于著作权归属的不实行为，未披露及处理严重的利益冲突，通过弄虚作假获取资助，所实施研究未按《有关人类研究的伦理行为的国家声明》《澳大利亚为科学目的照管和使用动物操作准则》的规定通过有关伦理审查及批准，给人类参与者的安全、动物福利或环境带来风险，因重大或持续性过失而违反《准则》的规定，以及任意隐瞒或纵容他人的科研不端行为。① 依托单位对其管理的研究个人和研究团体的行为有监督职责。

就科研经费的管理而言，《准则》的影响体现在两个方面：一是科研机构和科研人员在接受资助的过程中，如果弄虚作假或歪曲事实，将构成不端行为。二是遵守《准则》是科研机构获得 NHMRC 和 ARC 经费资助的前提条件。就 NHMRC 而言，如果依托单位违背有关伦理规范或协议中有关研究伦理的约定，NHMRC 可视情形暂停部分或全部资助，直至依托单位采取纠正措施并使 NHMRC 满意为止，或者要求依托单位限期返还部分或全部经费，其中包括在违反资助协议情况下用去的经费。就 ARC 而言，根据《2017 年发现类项目资助办法》4.3、34.1、38.1 的规定，如果依托单位未及时有效地处理相关利益冲突，或其在向 ARC 提交的与项目有关的材料（包括申请材料）或报告中存在不准确、不完整或误导性信息时，联邦政府将采取如下措施：暂停或终止划拨项目资助经费；全额或部分追回已经拨付的经费，其中包括尚未用尽，以及不按资助协议要求而用去的经费额度；变更已经核准的资助经费额度。②

ARC、依托单位等机构或人员还应遵守相关的保密义务及知识产权的相关规定。比如，ARC 对于申请书中的相关信息应当保密，只有在基于项目评审的需要或法律的规定等情况下，或对于特定的人员，比如评审人、主管部长等，才能披露申请书的相关内容。

此外，对于项目实施过程中可能出现的利益冲突，相关机构和人员有正确处理和积极避免的义务。利益冲突是指一方参与某种活动、进行某项合作、持有某种身份或获得某种利益，可能对其参与项目造成限制或形成冲突，从而引起的利益冲突或发生利益冲突的可能性。申请书中提名的每一位参与人或机构

---

① 唐伟华、王国骞：《澳大利亚研究理事会的科研不端行为处理制度——以〈澳大利亚负责任研究行为准则〉为核心的探讨》，《山东科技大学学报》（社会科学版）2011 年第 4 期。

② 唐伟华、王国骞、韩宇：《澳大利亚科学基金高度重视研究伦理审查制度——基于对 NHMRC 和 ARC 科学伦理制度的考察》，《中国基础科学》2011 年第 4 期。

都必须声明可能与项目有关的利益冲突，或可能发生的利益冲突。如果发生了某种利益冲突，依托单位必须备有处理利益冲突的方法。这类方法必须符合《澳大利亚负责任研究行为准则》和《澳大利亚研究理事会关于利益冲突和保密的政策》（*ARC Conflict of Interest and Confidentiality Policy*）以及其他相关文件的规定。

5. 对科研经费的审计监督

澳大利亚对科研经费的审计从三个层面展开。一是国家层面的审计，由澳大利亚国家审计办公室负责。审计的内容是对政府部门、科研经费管理机构和政府研究组织的财务报告进行审计，包括是否合法合规、是否采用适当的会计标准以及对数据真实性和公允性的判断等。二是 ARC 审计。课题结项后，ARC 组织自己的审计师或雇用社会审计师对 ARC 科研经费进行随机审计。科研经费开支应该与申请书中的预算支出范围一致。三是科研机构的自身审计。各科研机构申请的 ARC 科研经费要和年度经费一起接受外部审计，项目负责人需保留原始票据，供审计备查。[1]

审计依据包括《总审计长法》《澳大利亚审计标准》《澳大利亚审计署审计标准》和《2001 年澳大利亚研究理事会法案》等法律法规。

对于审计结果，如果发现有未使用的经费，一般需要退回，超出预算的开支由经费使用单位自行负担。如果主管部长认为科研经费申请条件未得到满足，可以要求退回全部或部分经费。经费资助办法及资助协议对未开支款项的收回和结转通常也会做出具体规定。[2]

---

① 王涛、夏秀芹、洪真裁：《澳大利亚科研管理和监督的体系、特点及启示》，《国家教育行政学院学报》2014 年第 11 期。

② 胡蕊：《澳大利亚：科研经费管理经》，《中国会计报》2015 年 8 月 28 日，第 011 版。

第二节 澳大利亚研究理事会（ARC）关于
项目负责人、研究人员薪酬规定①

发现类项目是澳大利亚研究理事会（ARC）资助的主要项目类别。目前，ARC 发现类项目包括以下五种资助计划：①澳大利亚桂冠奖学金计划（Australian Laureate Fellowships scheme)②；②未来奖学金计划（Future Fellowships scheme)③；③早期生涯研究人员发现奖计划（Discovery Early Career Researcher Award，DECRA)④；④土著研究人员发现计划（Discovery Indigenous scheme）；⑤发现类一般计划（Discovery Projects scheme）。这五种计划又可以分为两大类：一是面向特定研究人员的计划，包括前三种分别面向卓越研究人员、中期生涯研究人员、早期生涯研究人员三个不同阶段研究人员的奖学金类资助计划，以及面向澳大利亚土著研究人员的土著研究人员发现计划；二是非面向特定研究人员的一般计划。

发现类项目不资助以下研究活动：①数据汇编、计算机项目、研究辅助设备和工具的生产；②描述性的数据汇编、编目、提要；③教学材料的生产。

下面将从科研人员和科研经费两方面出发，分析、总结 ARC 发现类项目中科研经费的管理，尤其是科研人员支取人员费用的具体情况：

---

① 以下内容，除特别注明外，均引自 ARC 官方网站（http：//www. arc. gov. au/）、ARC《2017 年发现类项目资助办法》（*Funding Rules for schemes under the Discovery Program（2017 edition）*）和 ARC《2017 年发现类项目资助协议》（*Funding Agreement between the Commonwealth of Australia as represented by the Australian Research Council and Administering Organisation regarding funding for schemes under the Discovery Program（2017 edition）*）。

② 也有人译作"澳大利亚桂冠教授奖"，因为该奖获得者将被授予桂冠教授的称号。

③ 也有人译作"杰出青年基金项目"，认为其类似于我国的"国家杰出青年科学基金项目"。

④ 也有人译作"优秀青年基金项目"，认为其类似于我国的"优秀青年科学基金项目"。

一、ARC 发现类项目的一般规定

1. 科研人员的组成与管理

在 ARC 发现类项目中，在申请书中提名的项目参与人包括三类人员：一是主要研究人员（Chief Investigator，CI）。二是合作研究人员（Partner Investigator，PI）。并非所有的发现类项目中均包括 CI 和 PI，只有土著研究人员发现计划和发现类一般计划中才包括 CI 和 PI。CI 是项目中的核心研究人员，排在第一位的 CI 为项目负责人。PI 一般来自研究项目的合作单位，根据项目资助协议及依托单位与合作单位之间的合作协议参与项目研究工作。PI 不能担任项目负责人。[①]　三是奖学金类项目（Fellowships Awards）的申请人。这类人员包括桂冠奖学金计划申请人、未来奖学金计划申请人、早期生涯研究人员发现奖计划申请人以及土著研究人员发现计划中的澳大利亚原住民和托雷斯海峡岛民奖（DAATSIA）申请人。

在 ARC 的发现类项目中，一个研究人员最多只能同时担任两个发现类项目的 CI；如果一个研究人员已经获得了一个 ARC 的奖学金类资助，则最多只能再担任一个发现类项目的 CI，不能再接受 ARC 的奖学金类资助，也不能接受 ARC 之外的其他联邦资助机构提供的奖学金类资助。

除以上人员外，各项目组通常还包括以下人员：一是项目组辅助研究人员。这类人员通常包括博士后研究助理、在校研究生，有时也包括其他类型的研究人员，比如退休人员。其中，研究生通常是指研究型研究生（Higher Degree by Research，HDR）[②]，可能是硕士研究生，也可能是博士研究生。HDR

[①]　唐伟华、黄玉：《澳大利亚国家科学基金法律制度研究——以 ARC 为对象的探讨》，中国社会科学出版社 2014 年版，第 54 页。

[②]　澳大利亚的研究生分为两类：a. 授课型研究生，要求学生参加课程学习，通过上课讨论、考试等获得学分，最后提交小论文或参加毕业考试获得学位。b. 研究型研究生。以研究某专项课题为主，学生通过完成学术论文得到学位。研究型研究生入学要求较高且要求学生有相关学科的研究基础和成果，也有机会从导师那里获得奖学金。

可获得一定数额的津贴,津贴从项目经费中支出,相关条件和管理情况如下:首先,接受津贴的研究生必须是在适格单位注册的 HDR 学生;其次,津贴获得者候选人身份的管理由依托单位和相关机构酌情进行,包括但不限于选择、任命、休假期间及候选人资格的中止等;最后,涉及候选人身份管理的其他成本由依托单位酌情承担,这些成本包括但不限于迁移、休假等的费用。二是项目组聘请的其他人员。比如,技术人员、实验室服务人员等。这两类人员通常是各个项目组均需配备的人员,但各项目允许聘请的人员数量、类型不尽一致。比如,在项目评审时,评审专家会根据项目的具体情况,对允许聘用的助研人数作出上限规定。

依托单位可利用项目经费雇用 CI、PI、奖学金获得者等特定人员之外的其他人员,前提是申请书中已经根据资助办法对此作出规定,并已征得部长的同意,这些人员可以全职雇用,也可以兼职雇用。在雇用这些人员时,除非 ARC 有其他规定,依托单位应当:①遵循常规的雇用程序;②向其提供工资、休假、病假以及其他雇用条件;③对于实施项目所发生的间接支出,承担超出 ARC 提供的30%的间接费用之外的支出,比如离职金等。

依托单位必须确保,项目中全职雇用且其工资从项目经费中支出的人员,在事先没有征得 ARC 同意的情况下,不得接受依托单位基于其项目工作支付的薪酬之外的其他任何来源的薪酬。

2. 科研经费的结构与支出

ARC 发现类项目中的五种资助计划的科研经费组成各不相同。总体而言,可分为工资性资助(salary support)和非工资性项目经费(non – salary Funding)两部分。

工资性资助是给予特定研究人员的工资支持,如给予桂冠奖学金获得者的工资补助等。工资性资助中一般包含了30%的间接费用。间接费用一般用于支付工资税、劳工补偿金、休假补偿金、养老金等。不能包括在间接费用中的其他费用,如离职金等,由依托单位承担。

非工资性的项目经费用于与项目直接相关的各项支出，属于直接支出（direct costs）。这类经费的预算支出范围如下：一是使用国内或国际研究设施、基础设施的支出，包括查阅专家档案、收集信息、查阅数据库的支出。二是获取与项目相关且合理的车间服务的支出（比如，使用机床的费用或支付给合格的车间工人的费用）。三是与项目相关且必要的田野调查支出，包括技术支持、后勤支持、交通和食宿费用。四是与申请项目直接相关且必要的第三方专家服务支出，这类服务包括但不限于语言翻译和抄录服务、购买书籍和档案材料（电子的或纸质的）、数据收集和分析服务。五是必要的设备（包括其维护）和耗材支出。六是人员费用，比如博士后研究助理、研究助手、技术人员和实验室服务人员的劳务支出。七是研究型研究生（Higher Degree by Research）的津贴。以 2017 年为例，发放的标准是每人每年 26694 澳元。八是项目研究成果的出版和发行支出以及外展工作费用。九是研究所必需的专门计算机设备和软件支出。十是向主要研究人员（CIs）提供的代课津贴（teaching relief）。由于只有土著研究人员发现计划和发现类一般计划中才有 CI，因此这一支出也只限于这两类计划。十一是必要的差旅支出。十二是项目所需的主机托管和网络开发支出。十三是必要的专题讨论会、焦点小组（focus groups）和大型会议支出，包括早茶、午饭、下午茶等合理的招待费用。十四是在项目参与人有需要护理的对象，或其自身需要护理或帮助的情况下，因此支出的与项目相关的合理且必要的交通费。最后这一项支出是《2016 年发现类项目资助办法》中新增加的一项支出。上述各项支出均应根据 ARC 的要求，在项目申请书中予以合理论证。

非工资性的项目经费不得用于下列支出：一是板凳费（Bench Fees）[①] 或相似的实验室使用费。二是营运资金或一般的基础设施成本。三是非与项目直接相关的成本，包括但不限于：专业会员费、专业发展课程费、专利申请和维

---

① 板凳费是指某机构向其雇员之外的其他个人收取的基础设施使用费。这类设施通常是该机构提供给其雇员使用的，可能包括：有适当设备的办公室或实验室，或者由该机构所有的非专门设备等。

护费、现场音乐或戏剧表演设备费、签证费、安置费、招待费、保险以及其他非直接成本。四是国际学生学费或高等教育贡献计划、高等教育贷款计划中的学生债务。五是全部或部分地支付 CI 或 PI 的工资和/或间接费用和/或研究型研究生的津贴。六是超出资助办法中明确规定的工资水平的部分。

下列基础设施必须由依托单位提供或资助，而不能由 ARC 资助：①基本的图书馆馆藏；②电影或音乐剪辑设施；③处所（比如，经恰当配置和装备的实验室和办公空间）；④基本电脑设施和标准软件；⑤适当的参考资料或文摘服务资金。

二、澳大利亚桂冠奖学金计划（*Australian Laureate Fellowships scheme*）

澳大利亚桂冠奖学金计划是澳大利亚联邦政府为了促进卓越研究的发展而设立的，是澳大利亚科研资助体系中面向高层次人才的资助计划，其资助对象是在相关领域具有国际声望的杰出学者。

该奖学金项目同时接受澳大利亚学者和国际学者的申请，旨在吸引世界级的杰出研究者到澳大利亚开展具有开拓性和国际竞争力的研究，同时为培养早期生涯的研究者提供卓越的环境和示范机制，并促使研究者和国际研究团体、企业之间建立紧密联系，提高澳大利亚在优先发展研究领域的竞争力。

澳大利亚桂冠奖学金的科研人员和经费资助情况如下：

1. 科研人员的组成与管理

澳大利亚桂冠奖学金的研究人员除了奖学金获得者外，还必须包括博士后研究助理和研究生研究人员。[①] 博士后研究助理（Postdoctoral Research Associ-ate，PDRA），是受雇于项目组，由联邦政府通过依托单位向其提供资助的博士后研究人员。研究生研究人员（Postgraduate Researcher，PGR），是通过资

---

① 项目组中通常还聘有辅助研究人员、技术人员和实验室服务人员等。由于这些人员通常为各个项目组普遍配备的人员，因此不予特别说明。下文在介绍发现类其他项目科研人员组成时，也作同样处理。

助项目专门从事研究，由联邦政府通过依托单位向其提供资助的研究型研究生。申请澳大利亚桂冠奖学金项目时，ARC 要求申请书中应至少提名两位博士后研究助理和两位研究生研究人员。

澳大利亚桂冠奖学金获得者在申请获得批准后，项目开始之前，除非得到 ARC 的同意，必须放弃已经从 ARC 或其他联邦资助机构处获得的其他奖学金类（Fellowships Awards）资助，在桂冠奖学金项目开始之前，依托单位应当确保奖学金获得者的其他奖学金项目已经完成或移交。奖学金获得者正在担任的其他职务也必须辞去。ARC 通过依托单位对奖学金获得者进行管理。在项目进行期间，奖学金获得者必须受雇于依托单位，并且全职参与依托单位的工作。相应地，依托单位也要为其提供符合要求的工作条件，使其充分投入依托单位的活动和学术生活中，当然，也应当告知其应遵守的限制。在项目进行期间，依托单位必须向该奖学金获得者提供 E 级教授职位（或同等职位），同时向其提供 E 级教授薪酬。奖学金获得者应至少花费 80% 的全时工作量（Full Time Equivalent，FTE）用于与项目相关的研究和研究能力的建设活动。研究能力的建设活动包括科研团队的领导和研究生监管等。奖学金获得者还应至少花费 20% 的全时工作量（FTE）参加依托单位的活动，比如教学活动。

对于博士后研究助理（PDRA）和研究生研究人员（PGR），ARC 也提出了具体的要求。比如，博士后研究助理必须具有博士学位，或经 ARC 认可的与博士学位相当的学历或经验；研究生研究人员应是在项目申请适格单位注册的全职研究生，且具有符合要求的本科学位等级。

2. 科研经费的结构与支出

桂冠奖学金计划的科研经费可分为三个部分：①奖学金获得者的工资补助；②两位博士后研究助理的工资和两位研究生研究人员的津贴；③非工资性的项目经费。

以 2017 年最新公布的数据为例，ARC 提供的工资补助和非工资性的项目经费情况如下（见表 3）：

表3　澳大利亚桂冠奖学金计划的科研经费构成

奖学金获得者的工资补助水平	在 E 级水平（或同等水平）的教授工资之外，每年补助160664澳元（2017 年）①，其中包括30% 的间接支出
奖学金获得者的工资补助期间	通常为连续 5 年，要求全职
博士后研究助理（PDRA）的工资	两位博士后研究助理每年总计澳元 194252（2017 年），其中包含 30% 的间接支出，为期 5 年
研究生研究人员（PGR）的津贴	两位研究生研究人员每年总计 53388 澳元（2017 年）（不包括间接支出），为期 4 年
非工资性项目经费的资助水平	每年最高 300000 澳元，其中包含另外聘请的博士后研究人员和研究生的费用
非工资性项目经费的资助期间	通常为 5 年，要求全职

其中，非工资性项目经费的支出范围，在发现类项目非工资性项目经费一般规定的支出范围之外，还可包括依托单位政策允许的、与项目相关的差旅支出。

由上可知，在桂冠奖学金项目中，可从科研经费中支取人员费用的科研人员包括：一是奖学金获得者。其可获得专门的工资补助，这一支出是独立于非工资性项目经费的。工资补助的标准与奖学金获得者的学术级别一致，即按照 E 级教授的标准予以补助。二是博士后研究助理（PDRA）和研究生研究人员（PGR）。如上所述，桂冠奖学金的申请书中应至少提名两名 PDRA 和两名 PGR，在此之外聘请的博士后或研究生不能称为 PDRA 或 PGR。得到提名的 PDRA 将获得专门的工资，PGR 将获得专门的津贴，这两类支出均独立于非工资性项目经费。另外聘请的博士后研究人员和研究生的薪酬，则从非工资性项目经费中支出。ARC 至少向两名 PDRA 和两名 PGR 提供工资或津贴资助，是

---

① 该项工资补助每年将根据生活指数进行调整，更新后的标准将在 ARC 网站上公布。下文涉及的其他工资或津贴也存在相同情况，不再逐一说明。

就其全职从事项目工作或学业而言的。根据依托单位的雇用条件，ARC 也会资助兼职工作的 PDRA 或 PGR。如果 PDRA 或 PGR 对项目的参与度下降，其工资或生活津贴也将相应下降。依托单位应当提出相关请求，建议 ARC 对上述工资或津贴作出削减。依托单位可以利用其他来源的经费，向 PDRA 和 PGR 提供项目工资和津贴之外的补助。ARC 不承担 PDRA 和 PGR 的迁移费用，此类费用由依托单位承担。PDRA 的工资中包括30% 的间接费用，PGR 的津贴中不包括间接费用。三是其他辅助研究人员、技术人员和实验室服务人员等。支付给这些人员的劳务报酬从非工资性项目经费中支出。

三、未来奖学金计划（*Future Fellowships scheme*）

未来奖学金计划是澳大利亚针对人才外流现象而设立的人才资助计划。由于澳大利亚国内缺乏机会，很多优秀的处于中期职业生涯的研究者选择赴海外拓展事业，导致澳大利亚人才外流。未来奖学金计划旨在解决这一问题。其目标在于吸引杰出的研究者在澳大利亚开展研究，确保其能在依托单位获得具有持续性的学术职位，鼓励研究者与企业、研究团体或其他学科建立联系，同时大力支持国家优先发展研究领域的研究，以期促进澳大利亚在经济、环境、社会、文化方面的发展，提升澳大利亚在科研领域的创新能力和国际竞争力。

1. 科研人员的组成与管理

未来奖学金计划要求一个项目只能有一个申请人，并对申请人的资格作了限定。申请人应具有博士学位，且其获得博士学位的时间应在 5 年以上、15 年以下。该项目鼓励国家优先发展领域的研究者提出申请，优先考虑能将其研究与企业、研究团体以及其他学科进行合作的研究者。另外，由于该奖学金项目旨在解决澳大利亚人才外流的问题，因此其优先授予澳大利亚研究者，包括澳大利亚公民、拥有澳大利亚永久居住权的人和新西兰特殊类别签证的持有者。每年有大约100 项申请获得批准。

未来奖学金获得者在申请获得批准后，项目开始之前，除非得到 ARC 的同意，必须放弃已经获得的其他奖学金类资助，正在担任的职务也必须辞去。在项目实施期间，未来奖学金获得者必须受雇于依托单位。其至少应花费80%的全时工作量（FTE）用于与项目相关的研究活动。在有利于开展未来奖学金项目研究的情况下，奖学金获得者也可以承担研究管理工作或学术职务，可以至少花费20%的全时工作量（FTE）参加依托单位的活动。奖学金获得者可以全职从事项目研究，也可以根据依托单位的雇佣环境，兼职从事项目研究，但在兼职的情况下，项目周期不能超过8年（不包括任何获得允许的暂停时间）。相应地，依托单位也应全力配合奖学金获得者开展项目研究，为其提供必要的条件。

除了依托单位外，奖学金获得者还可以在接待单位（Host Organization）[①]开展研究，前提是能够证明这样做是为了使研究的利益最大化，同时有利于澳大利亚的国家利益。

2. 科研经费的结构与支出

未来奖学金的科研经费包括两部分：①奖学金获得者的工资资助；②非工资性的项目经费。具体如表4所示：

表4　未来奖学金计划的科研经费构成

奖学金获得者的工资资助水平	在表5载明的三种工资等级中，选择一个相应的等级提出申请或予以资助
奖学金获得者的工资资助期间	在全职的情况下，连续4年。在符合相关条件的前提下，也可以采取兼职[②]的方式，但不应超过8年
非工资性项目经费的资助水平	每年最高50000澳元
非工资性项目经费的资助期间	最高连续四年

---

① 即依托单位之外的，未来奖学金获得者在其中从事研究的单位，不一定是有资格申请发现类项目的单位。

② 全职人员的工资100%发放，兼职人员的工资按照比例发放。

奖学金获得者的工资资助水平具体为哪一层级，根据申请提交截止日申请人的学术级别，参照表5的对应关系确定。

表5　未来奖学金获得者的学术级别与工资等级

当前学术级别（或同等级别）	可申请的未来奖学金工资等级	总计
Level A and B	Level 1（全时工作量）	152630 澳元，含30%的间接支出
Level C	Level 2（全时工作量）	184766 澳元，含30%的间接支出
Level D and E	Level 3（全时工作量）	216896 澳元，含30%的间接支出

在具体支付时，未来奖学金获得者的工资必须根据其全时工作量水平确定：①全职奖学金获得者应当获得为期4年的100%的工资和间接费用；②兼职的奖学金获得者将按比例获得工资和间接费用，资助期限最高为8年。

非工资性项目经费的支出范围，与发现类资助项目非工资性项目经费一般规定的支出范围基本一致，但有以下限制：一是只包括最多一位研究型研究生的津贴，标准是每年26694澳元（2017年）。该生须是在项目申请适格单位注册的学生。二是项目所必需的差旅支出（不包括安置费），额度为整个项目实施期间不超过100000澳元，与田野研究相关的交通和食宿支出或护理支出不包括在内。

综上，在未来奖学金项目中，可从科研经费中支取人员费用的科研人员包括：一是奖学金获得者。奖学金获得者可获得 ARC 提供的工资，工资水平根据其当前的学术级别确定。这一支出独立于非工资性的项目经费。二是辅助研究人员、技术人员和实验室服务人员等。支付给这些人员的劳务报酬从非工资性项目经费中支出。其中，对支付给在校研究生的津贴有限制，只能支付最多一位研究型研究生的津贴。

四、早期生涯研究人员发现奖计划 (*Discovery Early Career Researcher A-ward scheme，DECRA*)

早期生涯研究人员发现奖是发现类项目中面向早期生涯研究人员 (early career researchers) 的一个资助计划。该项目向研究者提供更明确的支持，并为早期生涯的研究者提供更多的教学和研究机会以及更多的纯研究型职位。其目标在于：支持早期生涯研究者从事的卓越的基础研究和应用研究；推动有科研前途的早期生涯研究者发展，使其有更多的机会发展多元的职业路径；使研究和研究培训在高质量和有支持性的环境中进行。

1. 科研人员的组成与管理

早期生涯研究人员发现奖计划要求一个申请项目只能有一个申请人。申请人应具有博士学位，且取得博士学位一般不应超过 5 年。

对早期生涯研究人员发现奖获得者的要求与对未来奖学金获得者的要求相似。早期生涯研究人员发现奖获得者在申请获得批准后，项目开始之前，除非得到 ARC 的同意，必须放弃已经获得的其他奖学金类项目，正在担任的职务也必须辞去。在项目实施期间，早期生涯研究人员发现奖获得者必须受雇于依托单位，必须将所有的工作时间用于该项目。奖学金获得者可以全职从事项目研究，也可以根据依托单位的雇佣环境，兼职从事项目研究，但在兼职的情况下，项目周期不能超过 6 年。相应地，依托单位也应全力配合奖学金获得者开展项目研究，为其提供必要的条件。每年约有 200 名申请者通过早期生涯研究人员发现奖的申请。

2. 科研经费的结构与支出

早期生涯研究人员发现奖的科研经费包括两部分：①奖金获得者的工资补助；②非工资性的项目经费。具体如表 6 所示：

表 6 早期生涯研究人员发现奖的科研经费构成

奖金获得者的工资补助水平	每年 100858 澳元（2017 年），包括 30% 的间接支出
奖金获得者的工资补助期间	在全职的情况下，连续 3 年。在符合相关条件的情况下，也可以兼职①，但不得超过连续 6 年
非工资性项目经费的资助水平	每年最高 40000 澳元
非工资性项目经费的资助期间	连续 3 年

其中，非工资性项目经费的支出范围，与发现类项目非工资性项目经费的一般支出范围基本一致，但有以下限制：一是一个项目最多可支付一位研究型研究生的津贴。不过，这是就支付总额而言的。该项费用可在多名研究生之间分配，但总额不得超过一位全时工作量研究生的津贴。二是项目实施期间，项目研究所必需的差旅支出额度为 50000 澳元，与田野研究相关的交通和食宿支出或护理支出不包括在内。

因此，在早期生涯研究人员发现奖项目中，可支取人员费用的科研人员包括：一是奖金获得者。奖金获得者可获得工资补助，该费用独立于非工资性的项目经费。二是辅助研究人员、技术人员和实验室服务人员等。支付给这些人员的劳务报酬从非工资性项目经费中支出。其中，对支付给在校研究生的津贴有限制，支付数额最多不能超过一位全时工作量研究型研究生的津贴。

五、土著研究人员发现计划（Discovery Indigenous Scheme）

土著研究人员发现计划是一个面向澳大利亚土著研究人员（Indigenous Australian researcher）的资助计划。该计划旨在支持澳大利亚土著研究人员领导的卓越的基础研究、应用研究和研究培训，提升土著研究人员的研究技能，支持并挽留杰出的土著研究人员在澳大利亚高等教育机构工作。

其中，澳大利亚土著（Indigenous Australian）是指有澳大利亚原住民和托

---

① 全职人员的工资 100% 发放，兼职人员的工资按照比例发放。

雷斯海峡岛民（Australian Aboriginal or Torres Strait Islander）血统，被认定且在其居住或曾居住的社区也被承认是澳大利亚原住民和托雷斯海峡岛民的人。

土著研究人员发现计划的科研人员和科研经费情况如下：

1. 科研人员的组成与管理

土著研究人员发现计划的科研人员主要包括三类：一是主要研究人员（CI）。二是合作研究人员（PI）。三是澳大利亚原住民和托雷斯海峡岛民奖获得者（DAATSIA Recipient，以下简称 DAATSIA 获得者）。土著研究人员发现计划中含有颁发给澳大利亚土著研究人员的奖项，即澳大利亚原住民和托雷斯海峡岛民奖（Discovery Australian Aboriginal and Torres Strait Islander Award，DAATSIA）。只有具有 CI 资格的人员才能申请 DAATSIA。

土著研究人员发现计划的申请书中，至少应有一名 CI 或 DAATSIA 申请人。排在第一位的 CI 或 DAATSIA 申请人必须是澳大利亚土著研究人员，而且应是项目负责人。

在项目实施期间，CI 必须满足下列条件之一：一是在项目申请适格单位工作的时长至少为 20% 的全时工作量（FTE）。二是在项目申请适格单位有荣誉职位。在读的研究型研究生不能担任 CI。在项目进行期间，CI 必须以澳大利亚为主要居住地。如果因为与项目直接相关的田野工作或研究而需要离开，须征得依托单位的同意，且离开时间不能超过项目实施时间的一半。PI 则应满足在项目申请适格单位工作且不以澳大利亚为主要居住地的条件。符合 CI 条件的研究人员不能担任 PI。

DAATSIA 的申请人必须是澳大利亚土著研究人员，同时须符合上述担任 CI 的条件。DAATSIA 申请人必须证明 DAATSIA 对提升项目质量将有何帮助，并详细说明研究时间的利用方式（比如，从事持久的田野研究、围绕实验室工作开展的档案研究等）。

在项目实施期间，DAATSIA 获得者必须在依托单位承担一定职务，可以是全职，也可以根据依托单位的雇佣情况兼职工作，但在兼职工作的情况下，从项目启动时起算，工作时间不能超过 8 年。在依托单位同意的情况下，DAATSIA 获得者也可以在接待单位（Host Organization）工作，时间总计不应超过 12 个月。

2. 科研经费的组成与管理

土著研究人员发现计划的科研经费包括两部分：①提供给 DAATSIA 获得者的工资；②非工资性的项目经费。具体如表 7 所示：

表 7　土著研究人员发现计划的科研经费构成

DAATSIA 获得者的工资资助水平	在表 8 载明的五个工资级别中，选择一个相应的级别提出申请或授予资助
DAATSIA 获得者的工资资助期间	在全职的情况下，最多连续 5 年 根据相关条件，DAATSIA 获得者也可以兼职展开研究①，但研究期限不能超过连续 8 年
非工资性项目经费的资助水平	每年 30000 澳元～500000 澳元
非工资性项目经费的资助期间	最多连续 5 年

DAATSIA 的工资资助水平共分五个等级（见表 8），具体确定为哪一等级，以提出申请的截止日该提出申请的 CI 的工资水平为参照，DAATSIA 的工资资助水平应等于或高于这一工资水平。

表 8　土著研究人员发现奖申请人的工资资助水平

DAATSIA 工资资助水平	总计
DAATSIA 1 级（全时工作量）	100858 澳元，包括 30% 的间接支出
DAATSIA 2 级（全时工作量）	118658 澳元，包括 30% 的间接支出
DAATSIA 3 级（全时工作量）	154254 澳元，包括 30% 的间接支出
DAATSIA 4 级（全时工作量）	177988 澳元，包括 30% 的间接支出
DAATSIA 5 级（全时工作量）	213584 澳元，包括 30% 的间接支出

① 全职人员的工资 100% 发放，兼职人员的工资按照比例发放。

　　申请书中不能只申请 DAATSIA。如果申请了 DAATSIA，那么在 DAATSIA 之外，还必须申请每年 30000 澳元的最低额度经费。每年 500000 澳元的最高额度的经费中则已经包含了 DAATSIA。

　　土著研究人员发现计划的非工资性项目经费的支出范围与发现类项目非工资性项目经费的一般支出范围基本一致，但有以下限制：一是可以向每个项目的 CI 提供每年总计达 50000 澳元的代课津贴（teaching relief），已经获得 DAATSIA 的 CI 不能再获得代课津贴。二是项目所必需的差旅支出最高可达 50000 澳元。其中，从事田野研究的交通和食宿费用以及护理费用不包括在内。三是在项目申请适格单位注册的澳大利亚土著研究型研究生可获得每年 26694 澳元（2017 年）的津贴（每项申请最多可资助两名）。此外，在符合依托单位政策的前提下，也可向澳大利亚土著荣誉学生（Indigenous Australian Honours students）① 发放津贴。

　　土著研究人员发现计划的经费，除了 DAATSIA 获得者的工资外，绝对不能用于支付 CI 和 PI 的工资。可以向 CI 提供代课津贴，但是项目经费中并没有专门支付给 PI 的费用，PI 只能在不超出申请书列支范围的前提下，支取为项目研究需要而支出的直接费用。

　　综上，在土著研究人员发现计划中，可从科研经费中支取人员费用的科研人员包括：一是 DAATSIA 获得者。其可获得 ARC 提供的工资资助，这一费用独立于非工资性项目经费。二是辅助研究人员、技术人员和实验室服务人员等。支付给这些人员的劳务报酬从非工资性项目经费中支出。比较特殊的是，该项目经费资助的研究生最多可达两名②，且也可向荣誉学生提供津贴，前提

---

　　① 荣誉学生（Honour student）是指大学本科四年级的学生。澳大利亚的本科学制一般是三年。三年本科毕业，一般可以获得学士学位，如果具有科学研究潜质和能力的学生愿意从事科学研究的话，可以延长一年学制，跟随导师进行一年的研究学习，并完成一篇学术论文，获得荣誉学士学位。荣誉学士可以直接攻读研究型硕士学位或者博士学位。一般而言，获得荣誉学士学位的学生往往选择直接攻读博士学位。曾雪屏：《澳大利亚与我国学位制度与研究生教育比较研究》，《中国电子教育》2016 年第 2 期。

　　② 未来奖学金计划和早期生涯研究人员发现奖计划最多只能支付一位研究型研究生的津贴。

是这些人员都是澳大利亚土著学生。这充分体现了该项目注重培养澳大利亚土著研究人员的宗旨。

此外，可以向 CI 提供代课津贴，但不能向已经获得 DAATSIA 的 CI 提供代课津贴。代课津贴是依托单位从项目经费中支出的，用来使 CI 免予承担教学或其他职责的费用。因此，代课津贴不一定支付给 CI 本人，而可能支付给替代 CI 承担教学或其他职责的人。具体情况，有待结合依托单位的支付方式、CI 的岗位和工资内容确定。至于代课津贴能否视为支付给 CI、用以支付其劳动的报酬，也应根据具体情况判断。[①]

六、发现类一般计划（*Discovery Projects scheme*，DP）

发现类一般计划是发现类项目中的普通项目计划。与前四类面向特定研究人员的项目计划不同，该项目计划并无特定的资助对象。其目标在于：向个人或团体所从事的卓越的基础研究和应用研究提供支持，鼓励在高质量的研究环境中从事研究和研究培训，促进研究的国际合作。

1. 科研人员的构成与管理

发现类一般计划的科研人员主要是 CI 和 PI。

一个申请项目至少应有一个 CI，排名在第一位的 CI 是项目负责人。在项目实施期间，CI 必须满足下列条件之一：一是至少花费 20% 的全时工作量（FTE）在项目申请适格单位工作。二是在适格单位有荣誉职位。在读的研究型研究生不能担任 CI。在项目进行期间，CI 必须以澳大利亚为主要居住地。如果因与项目直接相关的田野工作或研究而需要离开，须征得依托单位的同意，且离开时间不能超过项目实施时间的一半。

PI 须受雇于项目申请适格单位，但不能以澳大利亚为主要居住地。符合 CI 标准的研究人员不能申请担任 PI。

---

① 此外，根据 ARC《2017 年发现类项目资助协议》8.11，早期生涯研究人员发现奖获得者的工资也可以用作代课津贴。

2. 科研经费的结构与支出

发现类一般计划的科研经费中不包括工资性资助，只有非工资性的项目经费。① 具体如表9所示：

表 9　发现类一般计划科研经费

项目经费的资助水平	每年 30000 澳元 ~ 500000 澳元
项目经费的资助期间	连续 5 年

在发现类一般计划中，作为一种特殊情形，可以申请发现计划国际基金（Discovery International Awards，DIAs）。具体要求如下：一是每个申请项目最多资助两位项目成员（CIs 或 PIs）。二是两位成员中，如果其中一位是在海外开展项目工作的 CI，那么另一位就应当是在海外的 PI 和/或一名在澳大利亚工作的海外 PI。其中，旅居澳大利亚开展合作研究的海外 PI 将得到优先考虑。在澳大利亚的项目申请适格单位的海外校区工作的 PI 不能得到资助。发现类一般计划国际基金的支出范围包括：国际往返经济舱机票；合理的当地交通费；生活费和消费品支出，生活费将根据访问学者的公共标准确定。其中并不包含人员的劳务报酬。

发现类一般计划的项目经费，禁止用于支付 CI 和 PI 的工资。与土著研究人员发现计划一样，发现类一般计划也向 CI 提供代课津贴，但是项目经费中并没有专门支付给 PI 的费用，PI 只能在不超出申请书列支范围的前提下，支取为项目研究需要而支出的直接费用。

发现类一般计划的非工资性项目经费的支出范围与发现类项目非工资性项目经费的一般支出范围基本一致，但有以下限制：一是可以向每个项目的 CI 提供每年总计达 50000 澳元的代课津贴。二是项目实施期间，项目所必需的差

---

① 为表述方便，下文在使用"项目经费"时，均是指"非工资性的项目经费"。

旅支出最高可达 50000 澳元。其中，实施田野研究的交通和食宿费用以及护理支出不包括在内。

如在土著研究人员发现计划中所分析的，代课津贴能否视为支付给 CI、用以支付其劳动的报酬，尚不明确。因此，在发现类一般计划中，确定可以从科研经费中支取人员费用的科研人员只有辅助研究人员、技术人员和实验室服务人员等。

第三节　澳大利亚科学基金项目科研人员薪酬规定的特点与总结

澳大利亚的科研经费由政府统筹管理，在对经费的申请、分配和使用作出严格规制的基础上，通过《澳大利亚负责任研究行为准则》对科研机构和科研人员从事研究的各类行为进行规范并确立了对研究不端行为的问责机制，此外还设立了不同层面的审计机制，加强了对科研经费的事前和事中监管，值得我们借鉴。

通过以上对 ARC 发现类项目中科研人员和科研经费的介绍，可以对其中人员费用的支出情况作出如下总结：

1. 可支取人员费用的科研人员范围

在 ARC 各发现类项目的科研经费中，均包含了博士后研究助理、研究助理、研究生等辅助研究人员和技术人员、实验室服务人员等人员的劳务报酬。

发现类项目主要研究人员支取人员费用的情况分别如下：一是奖学金类项目的获得者可获得单独的、数额较高的工资性资助，此外不能再从非工资性的项目经费中获得薪酬。二是土著研究人员发现计划中的澳大利亚原住民和托雷斯海峡岛民奖（DAATSIA）获得者可获得单独的、数额较高的工资性资助，

此外不能再从非工资性的项目经费中获得薪酬，也不得申请代课津贴。非
DAATSIA 获得者的 CI 没有工资性资助，可以申请代课津贴。三是发现类一般
计划中的 CI 没有工资性资助，可以申请代课津贴。四是土著研究人员发现计
划和发现类一般计划中的 PI 没有工资性资助，也不能申请代课津贴，只能在
不超出申请书列支范围的前提下，支取为项目研究需要而支出的直接费用。上
述工资性资助中，均包含了 30% 的间接费用，研究生津贴中不包含间接费用。
间接费用的支出范围一般包括工资税、劳工补偿金、休假补偿金、养老金等，
不包括科研人员的绩效工资。

需要说明的是，与工资性资助的数额相比，代课津贴的数额有限，每个项
目的所有主要研究人员（CIs）总计可以获得每年最高 50000 澳元的代课津贴。
此外，如前所述，代课津贴能否视为 CI 的劳务报酬，尚有待结合研究人员的
岗位和工资情况具体分析。

综上，ARC 发现类项目中的主要研究人员能否就其在研究中的劳务付出
取得报酬，情况不尽一致。在面向特定人员的资助项目中，对特定研究人员的
劳务付出给予了充分的考虑，给予其专门的工资性资助。但对其他主要研究人
员，则未同等对待。CI 能申请代课津贴，在一定程度上补偿了研究人员的劳
务付出，但其能否充分补偿研究人员付出的劳动成本，尚存疑虑。有研究表
明，澳大利亚不少高校都设有教学研究型和纯研究型两类研究岗位，然而科研
资助体系却没有跟上时代发展，将纯研究型人员的时间成本也算作一种科研投
入。许多科研项目基金并不支付主要研究人员的时间成本，科研资助机构认为
他们将从其教学收入中获得补偿，这对于纯粹从事研究工作的学者而言很不
利。[1] 因此，我们在参考澳大利亚科研人员费用管理的经验时，应当区分具体
情况，结合我国实际，予以借鉴。

---

① 王悠然：《澳大利亚科研资助体系存三大缺陷》，《中国社会科学报》2014 年 7 月 30 日，第
A03 版。

2. 劳务报酬的支出比例

发现类项目的科研经费中，对各项预算没有规定支出比例。就人员费用情况而言，只是在有的项目计划中，对个别人员劳务报酬的支出额度作了限制。比如，在未来奖学金计划中，规定项目经费最多只能支付一位研究型研究生的津贴，标准是每年 26694 澳元（2017 年）。

3. 人员费用的支付标准

发现类项目中的工资性资助，其发放标准通常与资助获得者的学术级别或工资级别相一致。同时，以全时工作量（FTE）为参照标准，对工资性资助获得者的工作时间量有一定要求。其他人员的费用支付，比如博士后研究人员的工资、在校研究生的津贴等，也结合其参与项目的全时工作量予以确定。相关工资或津贴，对全职人员 100% 发放，兼职人员则按比例发放。

工资或津贴的数额并不是一成不变的，而是每年根据生活指数进行调整，更新后的标准将在 ARC 网站上公布。

第四章　欧盟科学基金项目科研人员薪酬法律制度

　　为了鼓励科研开发，促进创新活动，推动经济发展，欧盟一直高度重视扶持与资助科研工作，给科研人员提供坚实的财政保障，充分调动科研人员的积极性，保持与发展欧洲地区的技术优势，让欧洲在竞争激烈的全球化进程中立于不败之地。1984 年欧盟委员会开始实施研发框架计划（FP）。研发框架计划是欧盟最主要的科研资助计划，从第一框架计划至第七框架计划，历时 30 年。2010 年，欧盟公布了新的十年经济发展规划——"欧盟 2020 计划"。"第七框架计划"（FP7）于 2013 年底结束，2014 年新的研究与创新框架计划——"地平线 2020"（Horizon 2020）正式启动，为期 7 年，预算总额约为 770.28 亿欧元。至 2020 年，欧盟研发与创新投入约占欧盟总财政预算的 8.6%。[①]"地平线 2020"确定的目标是消除创新障碍，提供科研资助，提高科研质量，帮助研究人员追寻科研梦想，实现科研突破与新技术的市场转化。

　　"地平线 2020"科研规划的内容主要包括三个方面：基础研究、应用技术与应对人类面临的共同挑战。[②]欧盟研发与创新计划和各成员国国家级别、区

---

　　① 谭启平：《〈欧盟研究、技术开发及示范活动第七框架计划〉及其参考借鉴价值》，《科技与法律》2014 年第 4 期。

　　② 刘歌：《欧盟批准"地平线 2020"科研规划》，《人民日报》2013 年 12 月 12 日。

· 68 ·

域级别的计划相结合，以满足欧洲地区对于先进科学技术的广泛需求。欧盟项目持续时间有长有短，欧盟并未针对项目持续时间做出限制性的正式规定。基础科学的行动计划包括欧洲研究理事会（ERC）的资助。欧洲研究理事会支持前沿学科和交叉学科的研究，为前沿学科提供科研经费，通过竞争机制择优录取研究项目。

欧盟的"地平线2020"是一项浩大的科研工程，因此，如何科学管理资助项目十分重要。其中，科研经费的投入与使用是关键议题，直接关联财政资金的投入与使用情况，影响科研项目的质量以及科研工作者的待遇。欧盟委员会有关研究项目的各项规定以及研究资助合同的具体条款是规范与管理资助项目的主要表现形式，这些条款力求科学合理地规范财政资金的使用并注意调动科研工作者的积极性。为了学习借鉴管理经验，本章着重对欧盟的相关规范以及项目情况进行介绍与说明。

第一节　欧盟科研经费管理规定概述

一、欧盟项目资助的一般性规定

欧盟委员会制定的欧盟研究项目规则明确，研究项目资助是指欧盟通过直接财政支出来资助一些有助于实现欧盟政策目标的项目与活动，或者资助追求欧盟普遍利益的机构；一些财政支出不属于资助范围，例如，欧盟机构工作人员费用。欧盟项目资助的形式一般是书面合同或者欧盟委员会的决定。[1]

自然人或者法人可以提出研究项目的资助申请。如果根据国家法律规定，

---

[1]　Regulation （EU） No 1290/2013 of the European Parliament and of the Council of 11 December 2013.

申请者不具有法人资格，但是代表人有能力代表单位承担法定义务，并为保护欧盟的财政利益提出与法人相等的担保，那么申请人仍然具有项目申请资格。欧盟项目资助一般采取以下几种形式：按照实际发生的成本的一定比例报销支出的费用；资助基于单位成本进行的支出；按照固定费率融资；资助一次性支出；以上几种形式的组合。[①] 当决定资助形式的时候，欧洲研究理事会应当考虑与照顾潜在受益人的利益并采用相关的计算方法。欧盟科研项目经费资助遵循以下原则：参考项目总成本以及项目参与人发生的直接可补偿成本；根据实际发生的直接可补偿成本的资助比例上限决定补偿数额；资助金额不能超过可补偿成本与项目收入之差；项目资助金额不能超过资助合同约定金额。

欧盟项目资助合同一般会明确资助的最高金额。欧盟资助项目的所有活动适用单一的报销比例。欧盟"地平线2020"资助的最高比例可以达到合理总成本的100%。创新项目与共同资助项目的最高资助比例是合理总成本的70%，但是对于非营利单位从事的创新项目，资助比例最高可以达到100%。[②]项目最终资助的金额取决于实际完成资助合同明确的任务的程度。项目申请者计算得出合理成本之后，欧盟委员会（或者其他机构）审查项目工作是否存在实质性错误、不规范、欺骗或者严重违反规定的现象，根据规定相应调整资助金额（拒绝部分成本或者减少资助金额），根据最高资助金额的限制及非营利原则调整资助金额，并将报销比例适用于欧盟委员会审查通过的合理成本金额，最后计算出"经过修正的最后资助金额"。[③]

欧盟规定，项目接受财政资助的成本应当是合理成本。欧盟项目合理成本的核算需要满足以下条件：①实际发生的成本，即成本必须是真实的，而不能是预估成本或者假设成本；②项目参与人引致的成本，即成本必须是由项目参与人的行为所导致的成本；③项目存续期间发生的成本，即从项目立项到项目结束期间发生的成本；④遵循通用的会计制度，即一般根据项目参与人所在国

---

①②③　Regulation（EU）No 1290/2013 of the European Parliament and of the Council of 11 December 2013.

或地区的通用会计制度决定项目成本；⑤遵循经济、效率与效益原则，达成项目目标及获得预期成果是项目目的，项目成本必须是完成项目绩效任务进行的支出；⑥成本应当在项目参与人账号内记录，如果有任何第三方参与项目研究，所发生的成本也必须在第三方账户内记录；⑦成本应当列入项目总预算，即所发生的成本原则上必须列入项目总预算，不能是预算外成本。一般而言，劳务费、耐用设备费、差旅费、项目分包费、一般性消费等可列为可补偿的合理成本。① 根据欧盟规定，部分成本不能被认定为合理成本：各项税费，包括间接税费；项目参与方所欠利息；明确的未来可能发生的损失或费用；与资本收益相关的成本；其他欧盟项目已经申报、发生或者补偿的成本；过度或者不合理的花费等。②"合理成本"条件中的"经济"是指尽量减少对项目活动的成本投入，即有效率地使用资源；"效益"指的是评估项目目标实现的程度，而成本的有效性是指项目成本和产出的关系，也就是每一单位成本的产出量。

所有的合理成本必须写入附于资助合同的执行项目预算，并且可以审核确证。欧盟项目合理成本包括以下几种形式：直接人事成本（实际发生的人事成本或者根据受益人机构惯常使用的单位人事成本而计算得出的成本）；直接分包合同成本（实际发生的分包成本）；为第三方提供财政支持的直接成本（实际发生的成本）；其他实际发生的直接成本；间接成本（采用固定比例形式的成本，即按照直接成本的固定比例计算得出的成本）；特定的单位成本或者一次性包干费用（特定的成本种类，即欧盟委员会预见并明确的费用种类，并适用于资助项目；资助合同的附件规定具体种类）。③ 直接成本是与项目执行直接相关的成本，可以直接归属于项目开支；间接成本是与项目执行不直接

① 谭启平：《〈欧盟研究、技术开发及示范活动第七框架计划〉及其参考借鉴价值》，《科技与法律》2014年第4期。

② 干瑾：《关于欧盟第七框架计划中科研经费管理制度的研究》，华东理工大学硕士学位论文，2013年。

③ H2020 Programme Mono – Beneficiary General Model Grant Agreement（H2020 General MGA—Mono）.

相关的成本，不能直接归属于项目开支。

欧盟研究项目的资助坚持不营利原则，即研究项目不应当具有产生利润的目的或者效果。欧盟给予的总资助以及收入不能超过合理的项目总成本。简言之，项目资助不能让项目单位获取利润。但是，以下情形不适用不营利原则：项目的目的是增强受益人的财政能力，或者由项目产生收入来保证欧盟项目资助结束之后受资助单位的持续性存在；给予个人的学习、研究或者培训奖学金；对一些需要帮助的个人提供的直接支持，例如，失业人群和难民、低价值的资助等。① 除了例外情形之外，如果欧盟项目产生了利润，那么欧盟委员会有权根据欧盟的资助数目收回一定比例的利润。项目资助的总额不能超过项目合理成本总额减去项目收入后的数目。欧盟规则明确的项目收入主要包括：第三方通过资金转移或者免费捐献的形式给参与者从事项目工作提供的资源，参与人将其作为从事项目工作的合理成本；项目工作中产生的收入，不包括开发项目成果产生的收入；销售根据资助合同购买的资产的收入。②

根据欧盟规定，与项目受款方"有联系"的第三方可以执行部分项目工作。"有联系"意味着项目受款方与第三方之间已经建立正式关系。这种关系一般需要满足以下条件：不能受到拨款协议的限制；关系的持续时间应当超过项目执行期，通常情况下，先于拨款协议签订的开始日期，晚于项目结束日期；关系需要得到外部权威机构的正式认可。例如，联合研究单位，即为完成项目工作，一起建立并且共同拥有科研实验室或基础设施的机构；附属机构，即由项目参与方直接或间接控制的机构，或者与项目参与方接受相同的直接或间接控制的机构。在项目计划研讨期间，拨款方与受款方需要对是否接受第三方成本进行讨论，并且考虑第三方成本的使用是否符合资助协议的相关特殊条款。项目受款方需要确保第三方产生的成本以及第三方对项目的贡献符合欧盟

---

①② Regulation （EU） No 1290/2013 of the European Parliament and of the Council of 11 December 2013.

资助协议相关条款的规定。① 项目受款方对第三方的工作与申请的成本承担责任，同时保证欧盟委员会与欧盟审计署能够审计第三方的经费使用情况。

欧盟项目管理是指项目参与人根据其与欧盟所签订的课题资助合同管理项目与上交研究成果。在项目期间，参与人必须及时汇报课题的进展情况、结果、成本以及与最初工作计划不一致的变化。某些变化可能导致课题资助合同的修改，最普通的例子就是增加或者减少课题受益人。中期与最后的课题费用支付以相关报告的提交与批准为基础。此外，对课题资助合同的修改是法律行为，是共同对之前达成的合同条款进行修改。一般由课题资助合同的一方以信件形式提出修改请求，并附齐相关文件，包括支持与证明修改需求的若干文件。最后修改的文件包括一方提出修改的信件，与另一方接受的信件，两封信件必须清楚证明双方协议的内容。某些变化不构成对课题合同的修改，不需要课题双方的签字，但是也需要通知欧盟委员会，例如课题受益人名字以及其他信息的更改、间接成本计算出错、受益人会计制度的改变等。②

由于欧盟项目覆盖各个领域，具有多样化特点，所以欧盟委员会建立专家数据库，并从中挑选专家从事有关项目管理工作。欧盟成员国研究人员都可以申请成为欧盟项目管理的专家，被归入欧盟专家数据库。作为欧盟委员会专家，这些研究人员不代表所在的任何机构。欧盟委员会专家的工作主要有：审查课题项目申请，挑选具有高质量的课题申请；审查正在进行中的课题工作情况；参与项目执行情况的审计；监督并对课题项目与政策提出建议。欧盟委员会专家包括几种类型：审查员，负责审核项目申请的专家；独立观察员，负责对于项目审查的过程与公正性给出独立观察的意见，包括审查员如何审核项目申请的标准以及如何改善审核标准的意见；评论员，帮助委员会根据研究报告与发表文章审查课题项目；监督项目的专家，帮助委员会审查与监督课题项目

---

① 干瑾：《关于欧盟第七框架计划中科研经费管理制度的研究》，华东理工大学硕士学位论文，2013年。

② H2020 Programme AGA – Annotated Model Grant Agreement Version 2. 1. 1，1 July 2016，EU Framework Program for Research and Innovation.

的各项活动；专家组成员，欧盟委员会建立专家组对于欧盟研究政策的设计与执行提出专家意见。①

二、补偿人事成本的相关规定

项目受款方的人事成本是全经济成本的主要组成部分，核算人事成本也最复杂。下面专门对补偿人事成本的相关规定进行介绍。

1. 获得人事成本补偿的主要情形

根据欧盟规定，项目受款方能够获得人事成本补偿的情形主要有以下几种。第一种，标准情形，即项目受款方通过签订正式雇佣合同雇佣工作人员（雇佣单位支付社会保险费用）。第二种，与项目受款方下属的第三方单位的雇员签订合同。第三种，项目受款方与自然人直接签订合同（非雇佣合同），并且满足以下条件：自然人参与项目的工作接受项目受款方的直接管理，一般在受款方所在地工作；工作成果属于项目受款方；工作成本与项目受款方正式雇佣人员从事工作的成本相近。②

鉴于此，人事成本的认定主要有以下类型。第一种是雇员的人事成本，也就是说，如果被指派从事项目工作的人员与项目资助受款方之间存在雇佣合同关系（或者类似的关系），那么项目工作人员的人事成本属于项目的合理成本。③类似的关系主要是指从属于项目受款机构的第三方单位的雇员从事项目工作。直接的人事成本主要包括工资（包括育婴期工资）、社会保险费用、税收以及国家法律或者雇佣合同明确的与个人酬劳相关的其他费用。项目受款方可根据项目预算调整实际的人事成本。第二种是与项目受款方直接签订合同的自然人从事项目工作的人事成本。第三种是没有工资的中小企业业主从事项目

---

① H2020 Programme AGA – Annotated Model Grant Agreement Version 2. 1. 1，1 July 2016，EU Framework Program for Research and Innovation.

② Regulation （EU） No 1290/2013 of the European Parliament and of the Council of 11 December 2013.

③ H2020 Programme Mono – Beneficiary General Model Grant Agreement （H2020 General MGA—Mono）.

工作的人事成本，需要根据合同附件明确的单位成本乘以工作小时数得出的数目予以确定。第四种是作为项目受款方的自然人的人事成本，自然人没有工资收入，补偿数额需要根据合同附件明确的单位成本乘以工作小时数予以确定。①

项目受款方不能申请获得人事成本补偿的情形主要有以下几种。第一种是项目受款方与提供工作人员的公司（例如临时工作介绍所）签订合同。第二种是自然人未能满足规定的条件。第三种是自然人因提供产品而不是工作时间得到报酬。这几种情形可以归类于"其他货物与服务"，或者"子合同"，但是不能作为人事成本。②

2. 人事成本的主要内容与认定条件

以参与人员的工资为基础计算的人事成本一般包括：基本工资与必要的补助（项目受款单位工资单明确的工资，社会保险费用，以及包含于基本工资的其他成本）；其他补助（由国家法律、集体劳动合同或者雇佣合同明确的补助）；给予非营利单位参与人员的额外补偿，有最高限额限制。非营利单位人事总成本的计算公式一般如下：（每小时工资率×从事项目工作的实际小时数）＋非营利单位对于被指派从事项目工作的人员的额外报酬。③

参与项目人员的人事成本与其参加项目工作的时间相对应。例如，一名研究员每年的工资成本是44136英镑或者每小时27.75英镑，每年标准的工作时间是1591小时，研究员将25%的工作时间用于项目工作（1591个小时相当于100%的工作时间）或者从事项目工作占用了398个小时，那么研究员从事项目工作的人事成本是：398小时×27.75英镑/小时＝11044.50英镑。④

合理人事成本的认定条件主要有：有关人员从事项目工作的认定，包括全职或者部分参与项目的信息，例如，雇佣合同、内部书面合同、单位表格、单

———————

①② Regulation （EU） No 1290/2013 of the European Parliament and of the Council of 11 December 2013.

③④ H2020 Programme Mono – Beneficiary General Model Grant Agreement （H2020 General MGA—Mono）.

位管理部门的书面决定；如果人员全职参与项目，那么需要"人员完全从事项目工作的声明"；如果部分参与项目工作，那么需要工时表记录的工作小时数。除此之外，合理成本的认定还需要满足以下条件：成本认定根据是合同、法律规定或者正式的机构协议；与研究机构和行政部门工作人员工资相比，认定的人事成本数额合理正常；人事成本的总数额与参与项目的人力资源质量、工作量成比例。[①]

欧盟项目预算也可以涵盖部分学生费用，条件是符合课题资助合同的规定，费用符合国家有关税收、劳动以及社会保险等方面的法律规定，学生具有从事项目工作的必要技能，而且他们完成了工作时间表。奖学金金额一般包括学生学费与实习津贴等。如果学生为大学工作，其部分或者全部学费予以免除，而且与学生签订的合同将这部分被免除的学费作为给予学生的报酬，那么免除的学费可以作为项目的人事成本。但是，如果签订的合同是专门培训性质的，例如旨在帮助学生获取专业技能，那么费用不能列入项目成本予以补偿。[②]

还有，课题参与人员休产假或者与养育小孩相关的其他假期时的工资与社会保险费用可被视作合理成本予以补偿，但是需要满足以下条件：根据国家法律与签订的雇佣合同或者集体劳动合同，这些费用是必须支出的；费用已经发生；未被国家机构予以补偿；雇员在休假当年参与了项目工作。[③]

3. 工作小时数

由于人事成本是根据个人直接从事项目工作的实际小时数计算得出的成本，因此，实际工作小时数十分重要。项目资助合同应当写明时间记录系统的最低要求，以及对计算方法的选择，包括每年固定的工作小时数与计算每年工作小时数的方法。个人实际工作的小时数必须是明确与可证实的，实际工作小时数的证据应当由项目参与人通过时间记录系统予以提供。欧盟对于一个人一

①②③ Regulation（EU）No 1290/2013 of the European Parliament and of the Council of 11 December 2013.

年进行资助的总小时数不能高于用于计算每小时工资率的每年工作小时数。一个项目对一个人可以资助的最高小时数一般是：每年工作小时数－从事其他欧盟项目工作的总小时数。全职从事项目工作的人员不需要记录时间与提供工作小时数，但是需要签署声明，表明其全职参与项目工作。①

项目受款方计算每年工作小时数的方式主要包括三种：一是固定工作小时数，全职工作人员的工作小时数是 1720 小时，非全职的则是相应比例的小时数。二是个人每年工作小时数，即个人一年为项目受款方工作的总小时数，计算方法为个人每年可以工作的小时数（根据雇佣合同、适用的集体劳动合同或者国家法律而定）＋加班小时数－缺勤的小时数。个人每年工作的小时数是指雇佣合同、集体劳动合同或者国家工作时间法规明确个人应当工作的期间的小时数，在此期间个人接受雇主指令并履行雇佣合同明确的义务。如果合同（或者集体劳动合同以及国家工作时间法规）不允许明确每年可以工作的小时数，那么就不能采用这种计算方式。三是标准的每年工作小时数，标准的每年工作小时数一般由受款方根据一般的成本计算实践予以计算，一般至少是每年可以工作的标准小时数的 90%。如果没有合适的每年工作小时数作为参考，那么就不能采用这种计算方式。此外，项目工作人员的每年工作小时数可以减去育婴假期。②

项目参与人员的工作小时数主要通过工时表予以统计，因为统计的工作时间需要有现实、可靠的证据予以充分证明。项目参与人必须按天、按周、按月等记录他们的工作时间，可以记录在纸张上或电脑系统中。工时表需要与节假日、病假、旅行假等一致。工作时间的记录需要通过项目管理人员或者其他监管者的批准。如果没有工时表，受资助方需要通过其他合理方式证实员工工作时间的真实性，审计员需要明确此证明方式与工时表的证明力度相当。③

---

① ② ③ Regulation（EU）No 1290/2013 of the European Parliament and of the Council of 11 December 2013.

计算项目参与人员工作时间容易出现一些问题，例如，工时表的记录与人力资源部门的记录存在不一致的情况；工时表未能恰当地记录时间或者签署姓名；项目参与人从事几个项目工作，工作时间的记录超过了全职雇佣的工时数，出现了双重资助现象；有关工作时间的信息量小，或者非常有限，未能达到相关要求。

4. 每小时工资率

欧盟明确规定，需要按照一定方法计算每小时工资率。如果人事成本是实际成本，那么每小时工资率按照每个完整的财政年度予以计算：一个人每年实际的人事成本（不包括额外报酬）÷每年工作小时数。如果财政年度不是在报告期结束的时候截止，那么受益人必须运用上一个财政年度的每小时工资率。此外，受益人还可以计算每月的每小时工资率：每个月实际的人事成本（不包括额外报酬）÷每年的工作小时数÷12。当计算每小时工资率的时候，育婴假期可以不扣除，但是，项目受款方可以明确育婴假期产生的人事成本应当与工作人员从事项目工作的时间成比例。①

针对基于单位成本而计算的人事成本，每小时工资率一般采取以下计算方式：一是如果受款方是中小企业或者自然人，那么每小时工资率根据合同附件的规定予以计算；二是如果基于受款方的一般成本计算方式计算人事成本，那么受款方可根据平时运用的成本计算方式计算每小时工资率。受款方的计算方式应当依循客观标准，具有持续性，而且每小时工资率应当通过记录于受款方账户的实际人事成本予以计算，同时扣除了不合理成本或者包含于其他预算中的成本。②

5. 额外报酬

欧盟规定，如果非营利单位的工作人员从事科研项目工作，那么可以对参

---

① Regulation （EU） No 1290/2013 of the European Parliament and of the Council of 11 December 2013.

② H2020 Programme Mono – Beneficiary General Model Grant Agreement （H2020 General MGA — Mono）.

与人员给予额外报酬，包括以辅助合同为依据的报酬。这类报酬可作为直接的人事成本，以持续性支付同类工作的形式进行支付，而且计算这类辅助报酬的标准应当客观并且具有普遍适用性。额外报酬最高可至每人每年 8000 欧元。如果参与人员专职从事项目工作，那么额外报酬最高金额可至每年 8000 欧元；如果参与人员仅仅从事项目工作，但并非专职，或者并非全年工作，那么可按照 8000 欧元的一定比例补偿成本。① 例如，一个研究人员全职参与项目工作，时间是从 1 月至 3 月（总共三个月），就适用比例 0.25（12 个月中的三个月），那么限额应当是 8000 × 0.25 = 2000（欧元）。如果参与人员并非仅仅从事欧盟项目工作，那么额外报酬应当适用每小时报酬数目的限制。每小时报酬数目最高限制的计算方式是：8000 欧元除以根据规定计算的工作小时数。因此，参与人员额外报酬予以补偿的数目是：每小时报酬数目最高限制乘以参与人的工作小时数。例如，如果一个雇员因作为欧盟项目的负责人获得 2000 欧元的奖励，她每年工作时间为 1600 个小时，其中 800 个小时用于欧盟项目，那么额外报酬的最高限额是：（8000 ÷ 1600）× 800 = 4000（欧元）。因此，雇员获得的额外报酬 2000 欧元符合相关规定，因为数额低于最高限额。② 如果雇员只花费了 200 个小时从事项目工作，那么最高限额就是 1000 欧元。在这种情况下，雇员获得的额外报酬就超出了最高限额，因此，只有 1000 欧元能够获得项目成本补偿，即使单位实际支付了 2000 欧元。③

欧盟项目向非营利法人单位补偿额外报酬成本的条件主要有：因雇员从事的额外工作或者表现的专长而向雇员支付的报酬；属于项目受款方一般人力报酬的一部分；对同样的工作予以持续支付；支付标准比较客观，并且得到普遍适用；相关制度属于项目受款方内部规定，至少有书面记载；额外报酬的规则不依赖于资助提供方。

---

① Regulation （EU） No 1290/2013 of the European Parliament and of the Council of 11 December 2013.
② H2020 Programme Annotated Model Grant Agreement （H2020 General MGA—Mono）.
③ H2020 Programme AGA – Annotated Model Grant Agreement Version 2.1.1, 1 July 2016, EU Framework Program for Research and Innovation.

根据欧盟规定，不能认定为额外报酬的情形主要有任意的奖金、以商业目标为基础的奖金（例如，销售目标）、代表利润分配的资助（分红）、只适用于欧盟项目的补偿等。① 例如，欧盟认可以下情况下的额外报酬：单位内部规定，一般工资用于教学，额外报酬用于做科研；或者一般工资用于做科研，额外报酬用于承担研究团队和设备的管理工作；或者一般工资用于实验室研究，额外报酬用于田野调研；或者一般工资用于内部研究，额外报酬用于参与特殊种类研究，例如国际合作项目、竞标获得的项目等。如果单位规定所有老师在完成所有教学工作之外做科研，可另外获得工资10%的收入，那么这个收入可作为额外报酬予以补偿；但是，如果单位领导单独决定给予某个教授做科研的补偿，那么这个标准不被接受，收入不可作为额外报酬予以补偿。②

关于每小时工资率与额外报酬，现举例说明。一个公共研究中心（非营利单位）的研究员工作了1720个小时。他的收入构成主要是：①每年工资，50000欧元；②管理职位（例如部门领导）的补偿，1600欧元；③作为欧盟项目首席研究员的额外补偿，2000欧元；④作为内部活动的第一助理的补偿，1000欧元。第①项与第②项用于计算研究员的每小时工资率：（5000 + 1600）/1720 = 30（欧元）。如果第③项符合额外报酬的条件，那么就需要符合额外报酬的额度限制规定。由于第④项不是工资，与参与欧盟项目也没有联系，故不用于计算每小时工资率。③

6. 平均人事成本方法

项目受款方还可能选择申报平均人事成本。为此，受款方需要向欧盟提交用于计算平均人事成本的方法证明，即平均人事成本证明。计算平均人事成本的方法必须与受款方的一般会计实践一致。根据被验证以及被接受的方法计算

①② Regulation (EU) No 1290/2013 of the European Parliament and of the Council of 11 December 2013.

③ H2020 Programme Annotated Model Grant Agreement (H2020 General MGA — Mono).

出的平均值应当被认作与实际人事成本的区别较小。该证书提交时必须附有实际的调查报告，并且需要外部审计员或者有胜任能力的公职人员进行验证。在项目实施期间，只要项目受款方已经与欧盟签订过拨款协议，就有资格提交方法证明。经过批准的平均人事成本方法证明对于批准日期之后签订的所有拨款协议均有效力。[①]

例如，许多芬兰的大学、研究机构与公司一般采用平均人事成本方法来计算人事成本。首先，他们通过将每个月的工资成本除以一个月的工作时间（一般是标准的工作数）来获得每个人的每小时工资率。其次，将计算得出的数额乘以间接人事成本率得出新的每小时工资率；间接人事成本率一般在工作小时工资的40%～50%波动，每年需要计算确定具体比率。最后，这个每小时工资率乘以从事欧盟项目工作小时数就得出平均人事成本。[②]

芬兰法律明确每年的法定间接人事成本主要包括社会保险费用与养老金费用，而且间接雇员成本率的计算一般包括假日津贴、假日工资、病假费用、事故保险费用以及职业保健费用。间接人事成本率一般是根据上一年度财务报告中的数据予以计算，由单位的间接人事成本额除以总工作小时数得到。

例如，一个雇员的工资是一个月5000欧元，2015年1月从事"欧盟地平线2020"项目8.5个小时。第一，用工资5000欧元除以1月的可以工作的总小时数（所有工作的时间加上因假期与病假而不在的时间，例如142.5小时）：5000欧元÷142.5小时＝35.09欧元/小时。第二，加上固定的社会费用与假期薪酬等，使用比率计算（总工资的一定比例，例如45%）。这个比率根据上一年度的财务数据予以计算。计算方式如下：35.09欧元×1.45＝50.88欧元。第三，将每小时工资率乘以从事欧盟项目的工作小时数得出人事成本：

---

① 干瑾：《关于欧盟第七框架计划中科研经费管理制度的研究》，华东理工大学硕士学位论文，2013年。

② Personnel costs in Horizon 2020—Finland，2015，Horisontti 2020，https：//www. horisontti2020. fi/globalassets/tekese/nyt/tapahtumat/fi_ avg_ personnel_ costs_ v1. pdf.

50.88 欧元×8.5 小时 =432.48 欧元。[1]

三、其他成本补偿的相关规定

除了人事成本之外，项目支出一般还包括分包的直接成本、给第三方提供财政支持的直接成本以及其他直接成本。其他直接成本主要包括出差费用与生活津贴；设备、设施或者其他资产的折旧费，租赁设备、设施或者其他资产的成本等（成本费用需要与项目持续时间的长短以及为项目工作使用设备设施的时间相对应）；其他货物与服务的成本（包括相关的关税、税收与不可减少的增值税等费用），但是货物与服务需要专门用于项目工作，并且符合相关规定。这些货物与服务包括各类消费品与物资，传播（包括开放式数据）费用，研究结果的保护，方法证明，翻译与出版等。[2] 另外，其他成本还包括大型研究设施的资本化与运行成本。这类成本应当是直接用于项目工作的费用支出，并且符合以下条件：大型研究设施的价值至少占用了总资产的75%；欧盟委员会已经评估了项目受款方计算大型研究设施成本的方法；项目受款方声明合理的直接成本与项目持续时间以及设施实际用于项目工作的时间成比例。[3]

项目受款方使用设备的成本需要与其使用设备从事欧盟项目工作的时间相对应。例如，如果项目受款方从事项目工作使用了 X - ray 机器几个小时，机器还用于其他工作与活动，那么项目受款方不能申请欧盟项目补偿机器所有的折旧成本。欧盟项目补偿设备折旧成本的数额应当根据项目受款方实际使用设备从事项目工作的时间（小时数/天数/月数）予以计算。[4]

---

[1] Personnel costs in Horizon 2020—Finland, 2015, Horisontti 2020, https：//www. horisontti2020. fi/globalassets/tekese/nyt/tapahtumat/fi_ avg_ personnel_ costs_ v1. pdf.

[2] H2020 Programme Mono - Beneficiary General Model Grant Agreement（H2020 General MGA — Mono）.

[3] Regulation（EU）No 1290/2013 of the European Parliament and of the Council of 11 December 2013.

[4] Ana Grdovic, Financial Regulations in Horizon 2020, University of Maribor, https：//www. um. si/kakovost/usposabljanje－zaposlenih/Lists/Usposabljanja2/Attachments/57/Grdovi%C4%87_ Financial%20 regulations%20in%20Horizon%202020. pdf.

除了直接成本之外，合理成本还包括间接成本。欧盟规定，间接成本的数目应当按照合理直接成本的固定比例予以计算，一般相当于直接成本的25%。[1] 间接成本的支付方式主要有一次性支付或者单位成本方式。但是，当按照比例计算间接成本的时候，需要先扣除直接成本包含的一些费用（分包成本；未在受款方工作场所工作的第三方提供的实物支持；为第三方提供的财政支持；一些特定的单位成本费用或者一次性费用，而且此类费用已经包括了间接成本）。一般来说，课题签约机构招募人员从事课题工作的费用不能作为直接的人事成本，因为课题签约的时候机构应当保证其拥有足够的人力资源从事课题研究。如果机构需要在课题期间招募额外人员，那么相关费用可作为机构的间接成本。此外，如果项目受款方已经接受了欧盟提供的单位运行资助，那么项目受款方就不能申请在接受单位运行资助期间的欧盟项目间接成本补偿。[2]

四、相关财务规定

欧盟对重大科技项目实行严格的财务审计，形成了完善的财务审计与法律责任规定。

第一，财务报告制度。为了保证项目的质量与进度，项目委员会要求项目团队定期提交项目进度报告。项目进度报告必须包括项目资源使用情况以及经过认证的财务报表。

第二，财务审计。项目结束后，欧盟根据项目经费数额决定是否需要审计项目经费的使用情况。欧盟规定，如果项目资助总金额少于37.5万欧元，就不需对项目进行审计。如果项目采用多年执行周期，并且在周期内获得的经费

---

① H2020 Programme Mono – Beneficiary General Model Grant Agreement（H2020 General MGA — Mono）.

② Regulation（EU）No 1290/2013 of the European Parliament and of the Council of 11 December 2013.

累计超过37.5万欧元，那么欧盟会对项目经费使用情况进行审计监督。[1] 在项目实施期间或项目结束后5年内的任何时间点，项目委员会都可能进行项目资助经费的财务审计。财务审计由项目委员会与欧洲审计师法庭负责执行。

为了顺利进行项目财务审计，项目委员会要求项目参与人必须保存资助合同相关文件的原件以及电子版至项目结束后5年以上。[2] 缺失文件可能导致项目未能通过成本审计，而且如果预算成本未能满足合理成本条件，那么也可能导致成本项目未通过、项目资助金额下降。项目受款方应当证明其对资助资金的使用物有所值。例如，如果项目受款方使用项目经费的时候未进行招标，或者未进行市场调查，那么就难以证明资金的使用合理有效。[3] 收到审计报告后1个月内，项目团队可以对审计报告提出异议。项目委员会根据审计结果决定是否需要追索项目款项以及是否启动违约清算条款。

第三，违约赔偿金制度。如果项目委员会审计发现项目团队夸大项目支出，并获得了不公正的财务资助，欧盟会启动违约赔偿金制度，向夸大项目支出的项目受款方追索赔偿金。除了缴纳违约赔偿金，项目团队还必须向项目委员会上交欧盟拨付的不公正资助经费（即因夸大项目支出而获得的相应拨款）。[4]

第四，罚款。除了违约赔偿金制度外，任何没有履行合同义务的项目团队都要受到项目委员会约占项目资助总金额的2%～10%的财务处罚。如果在第1次处罚后的5年内再次犯错，则将处以相当于总资助金额4%～20%的罚款。这种处罚规定也适用于造假的项目团队。在受到财务处罚后，欧盟将取消该项

① 干瑾：《关于欧盟第七框架计划中科研经费管理制度的研究》，华东理工大学硕士学位论文，2013年。
②④ 谭启平：《〈欧盟研究、技术开发及示范活动第七框架计划〉及其参考借鉴价值》，《科技与法律》2014年第4期。
③ Branwen Hide & Nick Myer, July 2015, H2020 Costing Guide, https: //twiki. pp. rl. ac. uk/twiki/pub/Main/PpdBids/EC_ Horizon_ 2020_ General_ costing_ guide. pdf.

目团队 2 年内接受欧盟项目资助的资格。①

第二节 欧盟"地平线 2020"关于项目负责人、研究人员薪酬规定

一、欧洲研究理事会的项目情况

欧洲研究理事会成立于 2007 年，是欧盟委员会的一个独立机构。欧洲研究理事会的科学委员会负责项目申请的指导与审核工作，执行机构负责项目的行政管理工作。欧洲研究理事会的项目是欧盟"地平线 2020"第一支柱的一部分，获得的 2014～2020 年预算是 130 亿欧元，占"地平线 2020"项目总预算的 17%。理事会鼓励课题项目发表学术文章，至 2015 年底大约有 40000 篇文章发表于国际学术期刊。研究理事会超过 70% 的资助项目做出了突出的科学贡献，大约 25% 课题的贡献是逐渐积累型的。②

1. 资助项目类型

研究理事会资助优异科学项目，主要分为启动资助项目、强化资助项目、高级资助项目与孵化资助项目。欧洲研究理事会资助所有科学领域的研究项目，要求申请的项目应当具有创新、跨学科等特点，并具有一定风险性。研究理事会 80% 的项目包含基础研究，应用科学与技术科学占比为 15%，其中，人文与社会科学仅占 17%。欧洲研究理事会主要资助加强巩固研究团队的研究学者，与由不同国家研究机构组成的合作研究项目有所不

---

① 干瑾：《关于欧盟第七框架计划中科研经费管理制度的研究》，华东理工大学硕士学位论文，2013 年。

② ERC Work Program 2017，European Research Council，European Commission C（2016）4616，July 2016.

同。研究理事会的项目申请采用从下至上的原则，没有外部设定的优先顺序，项目申请的唯一审核标准就是科学的卓越程度。项目资助金额因资助项目而有所不同，有的资助项目可以获得所有直接成本的补偿，以及一定比例的间接成本补偿。①

欧洲研究理事会强调对个体研究学者的支持，鼓励他们的创新精神，资助由一名课题负责人带领的研究团队申请的项目。研究团队的架构与管理比较灵活，可以包括其他研究机构的人员。研究理事会将项目资助授予课题负责人所在的机构，所在机构必须承诺给予课题负责人独立管理课题的条件。所在机构与课题负责人签订合同（课题合同的补充合同），明确双方的权利义务。所在机构应当保证课题负责人能够独立地申请资助与发表出版物，能够有效管理课题研究与资金，可以使用研究机构的各种设备与空间。接受课题的机构可以是公共机构或者私人机构，例如大学、研究单位等。只要相关机构能够尊重与保证课题负责人的权利，课题负责人不受机构研究策略的限制，那么机构就有权获得欧洲研究理事会的课题。欧洲研究理事会审核项目申请的重要内容之一就是审查项目的资金申请是否合理正当，是否正确评估与预测了项目研究所需的成本；理事会可以提出对所需成本数额的修正，并说明修正的理由。课题资助的最终金额以项目发生的实际成本为基准。②

启动资助项目主要是资助优秀的课题负责人开始独立地带领研究团队或者从事研究项目，课题负责人应当证明其项目申请的可行性与显著价值。启动资助项目金额最高可至150万欧元，持续时间是5年。课题负责人还可申请额外的50万欧元资助，以补偿申请人移至欧洲国家工作、购买设备等方面的成本。申请人应当博士毕业2~7年，已经展现了较强的研究能力，例如，在优异的学术期刊上独立发表了文章，在大型国际研讨会上发表过专业演讲。对项目申请进行审核的重要因素就是申请人是否愿意以及能够花费足够时间从事项目研

---

① ② ERC Work Program 2017, European Research Council, European Commission C (2016) 4616, July 2016.

究工作；按照要求，申请人应当至少有一半的工作时间待在欧盟国家，至少有一半的工作时间从事项目研究。① 如果项目执行期间课题负责人并未能按照要求投入足够的时间从事项目工作，那么理事会会相应减少资助金额。

强化资助项目主要是资助优秀的课题负责人继续巩固与强化其带领的研究团队或者研究项目，课题负责人应当证明其项目申请的可行性与显著价值。强化资助项目金额最高可至 200 万欧元，持续时间是 5 年。课题负责人还可申请额外的 75 万欧元资助，以补偿申请人移至欧洲国家工作、购买设备等方面的成本。申请人应当博士毕业 7～12 年，已经显示出较强的研究能力，例如，在优异的学术期刊上独立发表了数篇文章等。对项目申请进行审核的重要因素就是申请人是否愿意以及能够花费足够时间从事项目研究工作；按照要求，申请人应当至少有一半的工作时间待在欧盟国家，至少有 40% 的工作时间从事项目研究。②

高级资助项目主要是资助那些卓越的知名学者从事研究项目，课题申请人应当证明其项目申请的显著研究价值。高级资助项目金额最高可至 250 万欧元，持续时间是 5 年。课题负责人还可申请额外的 100 万欧元资助，以补偿申请人移至欧洲国家工作、购买设备等方面的成本。申请人在其最近十年内展示出了卓越的研究能力，在其研究领域很活跃，研究理事会有相应具体的申请条件。按照要求，申请人应当至少有一半的工作时间待在欧盟国家，至少有30% 的工作时间从事项目工作。

孵化资助项目是对欧洲研究理事会的项目予以继续资助，帮助实现项目潜在的社会与商业价值，将项目成果的价值予以最大化。项目申请人应当证明孵化项目与理事会前沿研究项目之间的联系，表明项目具有潜在的商业与社会价值。孵化资助项目金额根据从事项目工作的成本需求而定，最高可至 15 万欧元，持续时间最长为 18 个月，主要资助实现研究成果商业与社会价值的早期

①② ERC Work Program 2017，European Research Council，European Commission C（2016）4616，July 2016.

阶段的各项活动。①

2. 财务规定

欧洲研究理事会明确,课题签约机构与课题负责人进行商议之后,需要在规定时间提交系列财务报告,其中包括最后的财务报告。财务报告需要说明课题情况,尤其是预算的执行情况与利用各类资源从事研究的情况。自收到最终的财务报告之日起 105 天之内,欧洲研究理事会审核批准课题的财务报告,并给予课题签约机构相应的补偿资助。如果财务报告信息缺失或者存在其他问题,发放补偿资金的期限会相应延长。②

原则上而言,如果课题负责人的工资并非来源于研究理事会课题资金,那么研究理事会不必要求签约机构提交课题负责人从事课题工作的时间表。但是,由于课题申请条件明确课题负责人必须花费一定时间从事课题研究(例如,启动资助项目的负责人必须有 50% 的时间从事研究),所以课题签约机构需要提交课题负责人从事课题研究工作的时间表。如果不能提交时间表,那么签约机构需要通过其他方式来证明课题负责人以及其他成员从事课题研究的时间。③

一般来说,课题签约机构招募人员从事课题工作的费用不能作为直接的人事成本,因为课题签约的时候机构应当保证其拥有足够的人力资源从事课题研究。如果机构需要在课题期间招募额外人员,那么相关费用可作为机构的间接成本。但是,考虑到研究理事会旨在给研究人员提供良好的工作条件,鼓励他们进行创新,所以签约机构必要时可以招募特别需要的研究人才。有的时候,为了完成理事会课题,机构专门组成特定的课题团队。因此,在这种情况下,招募额外人员的费用可以作为直接的人事成本予以补偿。④

3. 课题项目机构、负责人与成员

欧洲研究理事会明确项目的课题负责人应当具有科学研究的自主权,例

---

① ERC Work Program 2017, European Research Council, European Commission C (2016) 4616, July 2016.

②③④ European Research Council Guide for ERC Grant Holders, July 2012, Ref. Ares (2012) 894501.

如，课题负责人能够独立地申请课题资助；能够在课题申请书的范围之内做出科学决策，包括研究策略与特定目标的更改；能够挑选与监督课题组成员，包括研究型学生与其他人；能够作为主要作者发表文章或者书籍；能够获得从事研究需要的必要空间与设施。尽管课题签约机构是欧盟项目资助的接收方，但是欧洲研究理事会执行机构一般会与课题负责人进行联系，直接将附有课题合同的邀请信寄给课题负责人，而且，在课题执行阶段也主要与课题负责人联系，因为课题负责人有权配置资源，转让课题以及改变课题的描述方法。[①]

课题组的组成方式比较灵活，主要基于个人能力组成课题组，而不是机构之间的协议。课题负责人可以在欧盟人才数据库中寻找合适的课题组成员，可以是高级研究员、博士后、博士以及研究生等。欧盟大部分课题是单一课题受益人合约；如果课题组成员来自不同的机构，所签合同则是多个课题受益人合约。不论哪种合约，课题签约机构以及其他受益机构都应当保证课题负责人履行其科学项目独立管理人的义务，给课题组成员提供必要的支持。如果有多个课题负责人，那么课题工作可能在多个机构进行。[②]

课题签约机构可以是公共或者私人法人单位，是欧洲组织、欧盟成员国或者相关国家的机构，拥有必要的设施与力量承担课题项目。课题签约机构一般保证课题期间履行签约机构的义务，让课题负责人拥有机构人员身份，给课题负责人与成员提供合适的科学与行政环境。

4. 有关课题报告的规定

欧洲研究理事会力图简单化课题的报告程序，让课题成员能够专心从事课题研究与创新性活动，寻求可靠性与灵活性的平衡。欧洲研究理事会课题的报告程序分为两种，一种是科学内容报告，另一种是财务报告。从事启动资助项目与高级资助项目期间，课题负责人应当向欧洲研究理事会提交两份科学内容

---

① European Research Council Guide for ERC Grant Holders，July 2012，Ref. Ares（2012）894501.
② ERC Work Program 2017，European Research Council，European Commission C（2016）4616，July 2016.

报告，一份中期报告，一份最终报告，内容是课题进度与研究结果以及发表的文章等。[①]

课题负责人应当提交阶段性的财务报告，一般是 18 个月汇报一次，说明课题工作的成本状况，尤其是从事课题研究的预算执行情况。成本超过 37.5 万欧元的课题的财务报告还应当附有财务声明的证明。如果课题涉及多个法人单位，那么主要的课题签约机构应当提供包含所有受益单位成本情况的财务报告。[②]

财务支付一般分三次支付。第一次是提前财务支付，一般是在课题开始之日起 45 天之内予以支付，主要是给课题组提供必要的财务支持来开展相关工作；支付的金钱仍然属于欧盟，直至最后支付结束。第二次是中期财务支付，是在理事会审查通过了课题组阶段性财务报告之后进行，具体数额以理事会审查接受的合理成本为基准；中期财务支付与提前财务支付的总额不能超过课题资助总额的 90%。第三次是最后财务支付，是在理事会审查通过了最后的科学报告与财务报告之后进行。研究理事会执行机构一般在收到最后的财务报告之日起 105 日内完成对财务报告的审查与财务支付。[③]

课题组的中期科学报告可能有几种不同的结果。第一种，如果课题报告被无条件通过，那么在下一个财务报告期的最后，课题组会获得财务支付，不需要满足其他条件；第二种，如果课题报告获得条件性通过，那么在下一个财务报告期的最后，课题组会获得财务支付，条件是课题组已经根据报告审查意见进行相应修改；第三种，如果课题报告未获通过，需要修改报告予以提交，那么在下一个财务报告期，课题组提交修改过的报告，报告获得审查通过后方能获得财务支付；第四种，如果课题报告未获通过，那么研究理事会执行机构会开启项目资助合同的终结程序。[④]

---

①③④　ERC Work Program 2017, European Research Council, European Commission C (2016) 4616, July 2016.

②　European Research Council Guide for ERC Grant Holders, July 2012, Ref. Ares (2012) 894501.

5. 课题项目举例

欧洲研究理事会秉持"好奇心驱使"以及"从下至上"的原则，鼓励研究人员在各学科领域寻找与明确新的研究计划。研究理事会资助的研究课题跨越各学科与领域，促进了欧盟各成员国的理论研究与技术创新。自 2007 年以来，研究理事会收到了 65000 个项目申请，来自欧盟各成员国的 7000 多个课题接受了欧洲研究理事会的资助。①

欧洲研究理事会的课题项目既有自然科学领域的，也有社会科学领域的。例如，法国社会科学高级研究学院的教授尼福于 2008～2013 年对穆斯林穿戴宗教服饰等宗教问题进行了研究，研究获得了欧洲研究理事会的高级资助项目的资助。穆斯林佩戴宗教服饰引发了不少争议，有的欧洲人认为这是宗教信仰的表达，有的欧洲人认为这是一种不信任的表现，威胁了社会核心价值观。欧洲各国都存在有关宗教服饰问题的争议，是一个国际性问题。尼福认为不少人在媒体面前不能讲真话，需要去认识与了解这些人的真实想法，所以她带领她的团队在 21 个欧洲城市对穆斯林与他们邻居之间的争议进行了调查与研究。②尼福采用了实验性公共问题方法，也就是让穆斯林与非穆斯林一起对课题设计的各种公共性问题进行讨论与提出方案。这个项目总拨款是 141.4645 万欧元。尼斯认为欧洲研究理事会的资助让她的研究上了一个新的台阶，给课题组所有成员都提供了很好的研究机会。2015 年尼福出版了有关课题研究成果的书籍，并被翻译成多种语言。

再如，意大利帕多瓦大学研马克获得了 49.22 万欧元的启动资助项目的资助，于 2008～2013 年对人脑的自我学习能力进行了深入研究。研究表明，人类可以创造人工神经网络，神经网络可以观察世界，并在获得信息的基础上形成简单认知。神经网络可以形成自己的学习过程与规则，观察所看到的物体的

---

① ERC Work Program 2017, European Research Council, European Commission C (2016) 4616, July 2016.

② "Relligious Integration: How to Look Beyond Stereotyped Images", 06, 2017, https://erc.europa.eu/projects - figures/stories/religious - integration - how - look - beyond - stereotyped - images.

数量。这项研究是模型化人类认知能力的重要突破，对于神经科学与教育也有较大意义，例如，有助于理解小孩受损大脑对于数字的认知能力。还有，英国班戈大学埃米莉获得了180.9万欧元的启动资助项目，于2016～2021年对人工智能时代机器人与人的社会交往与认知能力进行研究。①

二、居里夫人行动计划

居里夫人行动计划面向各个阶段的研究工作者，包括博士生以及高级学者；行动计划给研究学者提供培训与职业发展的机会，让学者拥有必要的技能以及国际交流经验，鼓励科研跨国家、跨领域与跨学科发展，促进学者在学术领域与其他领域之间自由流动。行动计划还鼓励研究机构（大学、研究中心、公司等）接收与招待有才能的外国学者，与国际研究机构以及其他国家研究机构建立联系。②

行动计划通过资助研究与提供有吸引力的工作条件，给不同国籍、不同年龄的学者提供专业发展的机会；行动计划向各个学科领域开放，采取从下至上的方法，由学者自己选择课题研究的领域。行动计划包括以下两个项目。第一个是研究网络项目，主要支持创新性培训网络，竞争性地选择共同研究培训项目与博士项目，由欧洲大学、研究机构与非学术类组织执行这些项目。第二个是个人奖学金项目，给学者提供国际流动的机会，帮助吸引国外优秀学者来欧洲工作。此外，行动计划还包括通过研究与创新工作人员交换进行国际与跨学科合作等。③

行动计划个人奖学金项目总预算是248.7百万欧元，其中33.7百万欧元给予全球学术奖金，205百万欧元给予欧洲学术奖金，1千万欧元给予欧洲学术奖金的社会与企业项目。行动计划项目的持续时间一般是1～2年。学术奖

---

① "Self – learning Aiemulates the Human Brain", 07, 2016, https：//erc. europa. eu/projects – fig-ures/stories/self – learning – ai – emulates – human – brain.

②③ H2020 Programme Guide for Applicants, EU Framework Program for Research and Innovation, Ma-rie Skłodowska – Curie Actions Individual Fellowships (IF) .

金的受益方是位于欧盟国家或者与欧盟有联系国家的机构。这些机构与欧盟签订有关学术奖金的协议，履行协议明确的责任，招募研究人员；机构获得资助的资金，提出成本说明，指定监督老师，提供相关培训与工作条件。在必要的时候，机构可以让与其有资本或者法律联系的单位招待与培训研究学者。欧盟委员会政策的目的在于提高研究人员的工作与生活条件，促进研究人员的流动性以扩大研究视角。学术奖金签约机构与申请行动计划的学者签订雇佣合同；学术奖金负责100%支付项目发生的合理成本，主要涵盖学者的生活、家庭费用、流动费用、研究与培训成本以及管理与间接成本。①

三、成员国接受欧盟科研资助举例

欧盟科研资助对于成员国的科研发展意义重大，是成员国科研资助的重要组成部分。例如，英国的很多科研领域都接受了欧盟的资助，资助的多少因科研领域不同而有所不同，取决于科研机构申请欧盟资助的能力以及其他资助渠道。例如，在医学领域，英国获得了大量的欧盟科研资助，解决了科研经费问题，而且在精神健康、稀少病种等领域与欧盟形成了广泛合作。2014～2015年，英国医学领域接受了大约12千万欧元的资助，占英国医学领域科研总资助的6%。自2006年以来，英国医学领域接受欧盟资助一直呈增长趋势。欧盟科研资助促进了英国医学科研发展，例如，英国沃里克大学负责的"通过减少食用盐的用量来预防心血管疾病"项目是由欧盟部分资助的，其科研成果对于英国以及全球健康政策制定意义重大。②

在考古学领域，英国接受了大量欧盟项目资助，是所有领域占比最高的。2014～2015年欧盟大约提供了8.7百万欧元资助英国的考古课题项目，占考

---

① H2020 Programme Guide for Applicants, EU Framework Program for Research and Innovation, Marie Skłodowska – Curie Actions Individual Fellowships（IF）.

② Technopolis group, "The Role of EU Funding in UK Research and Innovation, EU Funding Case Studies", 2017. 05. https：//www. britac. ac. uk/sites/default/files/2017 – 05 – 22% 20TG% 20Role% 20of% 20 EU% 20funding% 20 – % 20MAIN% 20FINAL. pdf.

古领域总资助金额的 38%。由于其他资助渠道较少，所以欧盟对于英国考古领域的资助十分重要。英国剑桥大学考古部门的 70% 外部资助来自欧盟项目。还有，欧盟在信息与通信技术领域的资助力度较大，将其列为优先资助领域。自 2007 年以来，英国信息与通信技术领域从欧盟获得了 7 亿欧元左右的项目资助，其中大学是主要的接收机构。欧盟项目不仅资助大学从事学术研究，而且资助大学从事各类创新型活动；由公司参与的欧盟项目对于科技创新与商业应用很有帮助。①

第三节　欧盟资助项目科研人员薪酬规定的特点与总结

　　欧盟实施"研发框架计划"与"地平线 2020"，投入巨额科研经费，资助大量研究项目，鼓励创新进步，促进科研发展，取得了较好的成绩。为了有效管理科研项目，欧盟制定并采取了有关资助方面的系列规定与措施，加大资金投入与使用监督。总之，欧盟的各类项目以及科研管理规定科学合理，值得借鉴与学习。以下是笔者对欧盟有关资助成本补偿重要规定以及项目情况的简单总结：

　　1. 欧盟资助金额与非营利原则

　　欧盟项目资助合同一般明确资助的最高金额，项目最终资助的金额取决于实际完成资助合同明确的任务的程度。欧盟资助项目适用单一的报销比例，资助最高比例可以达到合理总成本的 100%。项目申请者计算得出合理成本之

---

① Technopolis group，"The Role of EU Funding in UK Research and Innovation，EU Funding Case Studies"，2017. 05. https：//www. britac. ac. uk/sites/default/files/2017 – 05 – 22% 20TG% 20Role% 20of% 20 EU% 20funding% 20 – % 20MAIN% 20FINAL. pdf.

后，欧盟委员会（或者其他机构）一般通过拒绝部分成本或者减少资助金额（根据成本计算出现的错误、不规范、欺骗或者违反义务的严重程度予以减少），并将报销比例适用于欧盟委员会审查通过的合理成本金额，最后计算出"经过修正的最后资助金额"。欧盟研究项目的资助坚持不营利原则，即研究项目不应当具有产生利润的目的或者效果。欧盟给予的总资助以及收入不能超过合理的项目总成本。

2. 项目接受财政资助的成本应当是合理成本

欧盟项目合理成本的核算需要满足一些条件，例如，实际发生的成本、项目参与人引致的成本、项目存续期间发生的成本、遵循通用的会计制度计算得出的成本、完成项目绩效任务进行的支出、在项目参与人账号内记录的成本、列入项目总预算的成本。欧盟项目合理成本包括以下几种形式：直接人事成本、直接分包合同成本、为第三方提供财政支持的直接成本、其他直接成本、间接成本；特定的单位成本或者一次性包干费用。直接成本是与项目执行直接相关的成本，可以直接归属于项目开支；间接成本是与项目执行不直接相关的成本，不能直接归属于项目开支。

3. 项目受款方签订人事合同获得人事成本补偿的情形

人事合同主要有以下几种情形：项目受款方通过雇佣合同雇佣的工作人员、项目受款方下属的第三方单位的雇员、项目受款方直接通过合同（非雇佣合同）雇佣的自然人。直接的人事成本主要包括工资（包括育婴期工资）、社会保险费用、税收以及国家法律或者雇佣合同明确的与个人酬劳相关的其他费用。项目受款方可根据项目预算调整实际的人事成本。

4. 计算人事成本的工作小时数

项目资助合同应当写明时间记录系统的最低要求，以及对计算方法的选择，包括每年固定的工作小时数与计算每年工作小时数的方法。项目受款方计算每年工作小时数的方式主要包括：①固定工作小时数，全职工作人员的工作小时数是 1720 小时，非全职的则是相应比例的小时数；②个人每年工作小时数，即个人一年为项目受款方工作的总小时数，个人每年可以工作的小时数（根据雇佣合同、适用的集体劳动合同或者国家法律而定）＋加班小时数－缺勤的小时数；③标准的每年工作小时数，标准的每年工作小时数一般由受款方根据一般的成本计算时间予以计算，一般至少是每年可以工作的标准小时数的90％，项目参与人员的工作小时数主要通过工时表予以统计，如果没有工时表，受资助方需要通过其他合理方式证实员工工作时间的真实性，审计员需要明确此证明方式与工时表的证明力度相当。

5. 每小时工资率

如果人事成本是实际成本，那么每小时工资率按照每个完整的财政年度予以计算：一个人每年实际的人事成本（不包括额外报酬）÷每年工作小时数。如果财政年度不是在报告期结束的时候截止，那么受益人必须运用上一个财政年度的每小时工资率。针对基于单位成本而计算的人事成本，每小时工资率一般采取以下计算方式：①如果受款方是中小企业或者自然人，那么每小时工资率根据合同附件的规定予以计算；②如果基于受款方的一般成本计算方式计算人事成本，那么受款方可根据平时运用的成本计算方式计算每小时工资率。

6. 如果非营利单位的工作人员从事科研项目工作，那么参与人员可以获得额外报酬

如果参与人员专职从事项目工作，那么额外报酬最高金额可至每年8000欧元；如果参与人员仅仅从事项目工作，但并非专职，或者并非全年工作，那么可按照8000欧元的一定比例获取报酬。如果参与人员并非仅仅从事欧盟项目工作，那么额外报酬应当适用每小时报酬数目的限制。非营利单位人事总成本的计算公式一般如下：（每小时工资率×从事项目工作的实际小时数）＋非营利单位对于被指派从事项目工作的人员的额外报酬。

7. 与项目参与方"有联系"的第三方可以执行部分项目工作

"有联系"意味着项目参与方与第三方之间已经建立正式关系。项目参与方（受款方）需要确保第三方产生的成本以及第三方对项目的贡献符合欧盟

资助协议相关条款的规定。此外，间接成本的数目应当按照合理直接成本的固定比例予以计算，一般相当于直接成本的25%。如果项目受款方已经接受了欧盟提供的单位运行资助，那么项目受款方就不能申请在接受单位运行资助期间的欧盟项目间接成本补偿。

8. 研究理事会资助优异科学项目，主要分为启动资助项目、强化资助项目、高级资助项目与孵化资助项目

研究理事会的项目申请采用从下至上的原则，没有外部设定的优先顺序，项目申请的唯一审核标准就是科学的卓越程度。欧洲研究理事会审核项目申请的重要内容之一就是审查项目的资金申请是否合理正当，是否正确评估与预测了项目研究所需的成本；理事会可以提出对所需成本数额的修正，并说明修正的理由。课题资助的最终金额以项目发生的实际成本为基准。一般来说，课题签约机构招募人员从事课题工作的费用不能作为直接的人事成本，但是，考虑到研究理事会旨在给研究人员提供良好的工作条件，鼓励他们进行创新，所以签约机构必要时可以招募特别需要的研究人才，招募额外人员的费用可以作为直接的人事成本予以补偿。另外，居里夫人行动计划面向各个阶段的研究工作者，包括博士生以及高级学者。行动计划包括两个项目：第一个是研究网络项目，第二个是个人奖学金项目。

第五章　英国科学基金项目
科研人员薪酬法律制度

作为工业革命发源地，英国一直高度重视技术创新与科学进步。为了激励创新与加强管理，英国多次进行了大刀阔斧的机构改革，不断完善国家创新体系。其中，科研资助是科研管理的重要环节，是科研人员开展研究工作的财政基础与动力源泉，科研经费的投入、监督与管理受到英国政府的特别关注。

英国高校与研究机构的科研经费来源多样，主要有以下类别：自我资助，研究生培训和指导费用，研究理事会资助以及其他英国政府部门资助，欧盟机构资助，英国慈善机构资助，工商界赠款以及科研合同。政府拨款是最主要的经费来源，以英国曼彻斯特大学为例，2011 年、2012 年其科研总收入为 2.705 亿英镑，其中各级政府资助占比达 69%，是该校科研经费的主要来源。[①]

在科研经费分配方面，英国实行"双重支持系统"，高等教育拨款委员会和研究理事会这两个独立的非政府公共机构，共同负责科研教育经费的具体分配。高等教育拨款委员会向大学和学院分配教学和研究基础资金，经费额度按大学研究水平排名分配，不需要有明确的研究任务和计划。研究理事会则以研

---

① 刘芳、张晨、朱卫东、李晓轩：《中英高校科研经费成本管理比较研究》，《科技管理研究》2016 年第 3 期。

究项目的形式资助大学和科研机构的研究，其经费投入必须有明确的任务和计划。① 英国研究理事会下设七个分理事会，包括艺术和人文科学研究理事会，生物技术与生物科学研究理事会，工程与自然科学研究理事会，经济与社会研究理事会，医学研究理事会，自然环境研究理事会以及科学与技术设施理事会。这些专业研究理事会根据研究领域和方向确定研究发展项目和计划，资助大学、公共研发机构以及私营部门的研究开发活动。英国研究理事会管理的大部分研发经费主要通过竞争性项目资助的方式予以分配，并通过同行评议制度产生。② 科研经费接受国家审计署的审计监督，政府也委托相关中介机构、评审委员会对科研项目实施和经费使用情况进行定期监督和评审。

20 世纪英国科研经费申请长期遭受低价竞争文化的影响。为了争取更多的竞争性项目，高校与研发机构普遍以低于成本的价格申请项目经费，资助方只承担项目的直接成本或者少量的间接成本，研究资金缺口较大。为此，高校不得不挪用高等教育拨款委员会用于其他方面的拨款来弥补项目成本的不足，导致高校研究基础设施投入短缺以及教学经费被挤占。从 20 世纪 90 年代起，英国政府对实行的双重资助体制进行了一场意义重大的改革。1999 年英国开始在高校与研究机构推行透明核算方法（*Transparent Approach to Costing*，*TRAC*），并且于 2005 年开始对竞争性项目进行全经济成本核算（*Full Economic Costing*，*FEC*）。与欧盟其他国家采用的全成本核算（*Full Costing*，*FC*）规则相比，英国全经济成本核算的计算方法更加精细，核算方法的改革更深入彻底。③ 全经济成本核算的理论基础为基于活动的成本管理法（Activity Based Costing，ABC）。ABC 方法由库伯和卡普兰于 1987 年提出，其基本的理念是在

---

① "Making Sense of Research Funding in UK Higher Education", September 2010, Research Information Network factsheet.

② 雷雯、宋宜蔚、张云雾：《英国政府科研经费管理对我军科研经费审计工作的启示》，《当代经济》2015 年第 8 期。

③ 李晓轩、阿儒涵、肖小溪：《英国科研项目全经济成本核算改革及其启示》，《政策与管理研究》2010 年第 25 卷第 2 期。

确定成本的同时要求明确产生该项成本的原因或活动，从而明确产品的真实成本。全经济成本核算将透明核算的成本计算方法应用到项目层面，主要分为4个成本类别，即直接发生的成本、直接分配的成本、间接成本以及其他成本。[①] 下面介绍英国研究理事会及其下属专业理事会的相关规定与项目情况，以资借鉴。

第一节　英国研究理事会科研经费管理规定概述

一、英国研究理事会的一般要求

英国研究理事会规定，所有申报的项目以及项目评审情况都应当在网上公开，评审过程公开透明，采取同行评议的方式。科研项目确定后，研究理事会按照研究进度拨款，研究单位严格执行项目申报书中编报的预算。目前，研究理事会资金分配的标准更加倾向于科研项目的产出和影响：一是看哪个科研项目能够带来更大的社会和经济利益，二是看哪个科研项目能够提升整个队伍和社会的科研能力。[②] 英国研究理事会明确，负责课题的研究机构有责任让负责课题的研究人员充分知晓其从事课题工作的权利与义务，保证课题工作符合法律与政府文件规定。研究机构对于课题资助的人员承担所有的责任与义务，包括人员雇佣的条件与要求，以及因雇佣关系产生的人员培训、指

---

① "Full Economic Costing: - Updated Guidance Notes for Peer Reviewers", http://www.rcuk.ac.uk/documents/document/fecpeerreviewerguidance - pdf/.

② 雷雯、宋宜蔚、张云雾：《英国政府科研经费管理对我军科研经费审计工作的启示》，《当代经济》2015年第8期。

导与监督工作。①

如果课题负责人决定转至另一个研究机构工作，调入的研究机构具备负责课题工作的条件，能够给研究人员提供完成项目工作的适当环境，那么课题可以随课题负责人一起转至另一个研究机构，两个研究机构应当提交课题转移的书面同意文件。研究理事会要求双方研究机构应当做出很好的安排来保证完成课题任务与实现课题目标，否则研究理事会可能考虑终止课题项目。如果研究机构需要替换课题负责人，例如，课题负责人退休或者辞职，那么研究机构必须与研究理事会进行商议。研究理事会要求替换的课题负责人应当有能力与条件完成课题任务。但是，如果学术资金项目是授予具备条件从事课题工作的特定个人，那么课题负责人便不能更换。如果课题研究机构或者课题负责人发生变化，那么研究机构必须通知研究理事会。当课题项目发生其他重要事情的时候，研究理事会也需要被知会，例如，研究人员无法使用必要的研究设施设备，项目是否通过伦理委员会的审查，等等。②

如果与正在从事的课题工作相关，研究工作人员可以在正常的工作时间从事教学以及相关活动，包括相关培训、考试审查、评分等。课题开始之后，课题参与人可以申请延长课题时间，最长一年，不需要增加任何费用。申请延长课题时间的情形主要有：工作人员休假或者指定工作人员推迟；产假、病假等；延长的陪审团工作；全职工作转为部分时间工作。③

课题结束之日3个月内课题研究机构应当完成与提交财务支出声明。一旦研究理事会收到支出声明并且完成审核，那么财务报告可作为最后的报告。在直接发生的成本与例外成本类型中，报告必须写明项目实际发生的支出。如果课题项目在计划结束之日6个多月之前结束，那么理事会会按照比例予以支付；如果项目在计划结束之日6个月内结束，那么理事会会全额支付间接成本与房屋费用，同时按照比例支付课题参与人成本与其他直接分配的成本。研究

①②③　The Research Council of UK, Introduction, Terms and Conditions of Research Council fEC grants, http：//www. rcuk. ac. uk/documents/documents/termsandConditionsofResearchCouncilfECGrants - pdf/.

理事会有权在课题期间的任何时候要求课题研究机构完成与提交支出声明，或者提供有关中期或者最终支出声明的补充信息。研究理事会有权查看课题研究机构的财务记录。根据理事会的要求，课题研究机构应当将课题财务支出提交给专业机构的审计员进行独立审计。[①]

英国研究理事会使用在线系统收集课题进行期间的各类信息，以及课题的各类成果，并提供课题汇报的时间与范围等信息。研究理事会还可能要求研究机构单独提交一份课题成果的最终报告。如果研究理事会发现课题研究机构未能遵守课题资助的要求与条件，那么理事会有权予以处罚。如果课题组未能按照要求汇报课题成果，研究理事会今后不再考虑课题负责人负责或者参与的课题申请，而且会暂停支付与课题负责人相关的课题费用。[②] 如果研究理事会在课题结束之日起 3 个月内没有收到课题最终报告或者课题最后的支出声明，那么理事会有权收回 20% 的课题资助；如果在 6 个月内未收到最终报告或者支出声明，那么理事会有权收回 100% 的课题资助。

研究机构有义务妥善管理课题项目，研究理事会有权要求获取课题工作阶段性信息或者访问研究团队。课题负责人会被要求参加会议，与从事相同或者相似领域研究工作的人员进行交流，以及参加研究理事会举办的有关课题项目的会议与活动。同时，研究机构与课题负责人以及参与人有义务在地方层面与国家层面向大众介绍课题成果，宣传科学研究在解决公共利益相关议题过程中发挥的作用。研究机构与课题成员有责任努力挖掘与发挥研究成果对于社会与经济发展的作用。

二、英国研究理事会有关科研经费的规定

自 2005 年 9 月以来，英国研究理事会一直根据经济成本标准资助科研活动。也就是说，研究理事会按照研究项目总经济成本的固定比例予以支付，

---

①② The Research Council of UK, Introduction, Terms and Conditions of Research Council fEC grants, http：//www. rcuk. ac. uk/documents/documents/termsandConditionsofResearchCouncilfECGrants－pdf/.

目前设定的比例是项目总经济成本的80%，此资助比例也并非固定不变。一般而言，如果英国研究理事会资助项目总成本的80%，那么剩余的20%则来自研究机构自身资源，同时预算之外发生的其他额外成本也需要研究机构自我补偿。①

1. 四种成本类型

英国研究理事会规定，项目申请人的项目计划书需要明确项目的总经济成本，以及研究理事会需要支付的比例（现在设定的比例一般是80%）。全经济成本直接或者间接地表明了项目的价格。项目计划书一般根据四个类别来说明项目研究所需要的资源：

（1）实际发生的直接成本。实际发生的直接成本是项目的特定成本，根据项目工作期间实际发生的开支予以确定。这类成本必须拥有相应的审计记录，主要指发票。实际发生的直接成本一般包括以下4种：一是工作人员成本。工作人员主要是指研究助理与相关的技术人员，并分为两种情况。一种情况是工作人员全职从事项目工作；另一种情况是工作人员并非专职从事项目工作，因此，他们需要提供从事研究项目的工作时间表来证明人事成本。二是项目使用的设备的费用。三是项目工作期间的出差费用与生活津贴。四是其他实际发生的直接成本。②

项目申请的同行评审专家应当评估审查资源的使用计划与情况。如果与项目有关的成本具有相应的财务证据，那么这些成本可以作为实际发生的直接成本。有两个例外情况，即准备资助申请发生的成本与冗余成本，即使拥有相关的财务证据，这类成本仍然被当作间接成本。办公室小型消费品的成本一般作为间接成本予以计算。还有，由于英国研究理事会已经开始专项资助研究机构发表期刊文章与会议记录等，所以项目资助申请一般不再包括此类成本。但

---

① "Full Economic Costing： – Updated Guidance Notes for Peer Reviewers"，http：//www. rcuk. ac. uk/documents/document/fecpeerreviewerguidance – pdf/.

② The Research Council of UK，Introduction，Terms and Conditions of Research Council fEC grants，http：//www. rcuk. ac. uk/documents/documents/termsandConditionsofResearchCouncilfECGrants – pdf/.

是，项目成果的出版成本，以及其他类型的出版，例如，书、专著、评述、书目等仍然可以列入项目资助的实际发生成本。①

与一般工作模式相关联的照顾小孩的费用一般不能得到资助，但是，如果照顾小孩的额外费用与项目工作直接相关，研究机构也允许对此类费用予以补偿，那么照顾小孩的费用可以作为实际发生的直接成本。此外，保险费用一般属于间接成本，但是如果费用直接来源于项目工作，研究机构相关规定未覆盖这类费用，而且保险费用可以单独确定与审计，那么此类成本也可归入实际发生的直接成本。②

（2）直接分配的成本。此类成本的结算方法是成本估算，并不要求必须是实际发生的成本。英国研究理事会通常在资助项目的末期根据估算成本予以支付。③ 项目评审人员审查所有成本，包括薪酬数目，但是，如果人事成本补偿属于直接分配的成本类型，那么审查人员一般并不十分清楚计算成本的具体方法。直接分配的成本主要包括以下三类。一是项目研究员成本，一般指从事项目工作的首席研究员以及合作的其他研究员的人事成本。全部经济成本计算是指与研究相关的成本计算，其原则是计算研究项目的所有成本，包括研究人员花费在项目上的时间成本。研究员人事成本的计算方式一般是：研究员人事成本＝从事项目工作的总小时数×薪金率。由于研究员从事伏案研究，较难制定工时表，而且研究员大多不愿填写工时表，所以他们的工作时间一般基于推测而定，并非直接依据工作时间表予以确定，所以研究员的人事成本属于直接分配的成本。④ 但是，如果研究员从事项目工作的时间有审计记录，相关计算符合实际发生成本的原则与规定，那么研究员的人事费用也可以作为实际发生的直接成本。研究员人事成本属于实际发生的直接成本的情况主要有两种，一

---

①② "Full Economic Costing： – Updated Guidance Notes for Peer Reviewers"，http：//www. rcuk. ac. uk/documents/document/fecpeerreviewerguidance – pdf/.

③ "Making Sense of Research Funding in UK Higher Education"，September 2010，Research Information Network factsheet.

④ Transparent Approach to Costing（TRAC）Guidance，prepared by J M Consulting Ltd.

种是研究员全职投入项目工作，另一种是研究员有具体的工作时间表。二是房地产成本，即研究项目的基础设施成本。研究机构通常运用自己的成本比例予以计算，因此，各个机构的计算结果可能有所不同。此类成本不受同行评审监督，分配的主要标准是研究人员从事项目工作的努力程度，因此，研究人员从事项目工作的努力程度最终影响针对房地产成本的资助水平。① 三是其他分配的直接成本，主要指使用研究机构设施的成本，包括项目使用的主要设备、IT系统、干净的房间以及并非全职从事项目工作的技术人员的成本。设施技术人员成本与房地产成本应当予以区分，支出给设施技术人员的费用也不需要被判定或者审查。② 此外，如果项目工作人员使用了相关设备，那么设备每年的成本（包括折旧费）就可归入项目成本。这类费用既可以是实际发生的直接成本（如果使用是实际发生并且可以审计），也可作为基于预测直接分配的成本。

（3）间接成本。间接成本是指不能直接归属于个别项目成本的资源利用，主要指机构的行政成本，例如，图书馆，支持性服务成本（如支持性的人力资源、金融服务等）。一些小消耗品，例如邮政、复印以及电话费用也可列为间接成本。与房地产成本一样，间接成本和资助项目的研究程度与质量成比例，不需要说明具体理由，也不受同行专家的审查。各个研究机构运用他们自己的成本比例予以计算，因此，计算结果可能有所不同。③

由于研究理事会根据研究人员从事项目工作的努力程度分配间接成本，因此，研究项目努力程度的变化情况直接影响最后授予的资助水平。研究机构一般在资助授予前花费十天时间重新计算成本数目。英国研究理事会对房地产成本与

---

① The Research Council of UK, Introduction, Terms and Conditions of Research Council fEC grants, http://www.rcuk.ac.uk/documents/documents/termsandConditionsofResearchCouncilfECGrants – pdf/.

② "Full Economic Costing: – Updated Guidance Notes for Peer Reviewers", http://www.rcuk.ac.uk/documents/document/fecpeerreviewerguidance – pdf/.

③ "Making Sense of Research Funding in UK Higher Education", September 2010, Research Information Network factsheet.

间接成本进行质量保证审查，并使用一定计算方法保证结果的相对准确性。①

英国科研项目的间接成本率是计算间接成本的重要因素。机构的科研间接成本率等于机构科研的总间接成本除以科研的全时当量。用作计算间接成本与房地产成本的全职人力工时应当是项目研究人员（包括研究员、调查员与访问学者）的工作时间，不包括技术人员以及其他研究辅助人员的工作时间。间接成本率以历史为基础，计算方法和数据需要保持稳健性。例如，机构根据2005 年、2006 年的数据计算得出 2007 年 2 月 1 日至 2008 年 1 月 31 日期间的间接成本率。机构的间接成本率一般每年计算一次，用于当年 2 月 1 日之后一年期间的项目的经费计算。如果机构在 2 月 1 日之前未能计算出新的间接成本率，那么可以继续沿用前一年的间接成本率。② 英国高校的间接成本率建立在科研人员数基础之上，形成了比较规范的高校科研项目间接成本计算方法，为科研项目的全成本计量和补偿提供了依据。

（4）属于例外规定的成本。这类成本一般属于实际发生的直接成本，只是由于研究理事会给予成本 100% 的资助，不遵循 80% 的比例规定，所以研究理事会将其单列一项。例如，相关学生的学费与助学金。项目的同行评审人员仍将此类成本视作实际发生的直接成本。③

如上所述，课题资金分为多个类型，如直接发生的成本、直接分配的成本等。为了实现项目目标与完成任务，允许进行资金分配的转移；资金分配的转移只能在直接发生的成本与例外成本之间发生，研究设备排除在外。资金分配转移不需要研究理事会的审查同意，但是研究理事会保留质询的权利。

2. 人事成本的相关规定

计算或者估算人事成本比较复杂，而且人事成本分散于直接发生的成本与

---

① Transparent Approach to Costing（TRAC）Guidance，prepared by J M Consulting Ltd.

② 刘芳、张晨、朱卫东、李晓轩：《中英高校科研经费成本管理比较研究》，《科技管理研究》2016 年第 3 期。

③ "Making Sense of Research Funding in UK Higher Education"，September 2010，Research Information Network factsheet.

直接分配的成本两个类别。为了避免混淆，下面专门针对人事成本的相关问题进行简单介绍与说明。

（1）人事成本的主要类型与一般要求。英国研究理事会规定，研究机构不能向研究理事会等公共机构要求获得比人员工资成本更高的成本补偿。研究人员主要包括学术性人员与研究类工作人员。学术人员主要指研究员（首席研究员与合作的其他研究员）；研究类工作人员主要指研究助理与一般研究人员。

研究人员成本分为直接发生的人事成本与直接分配的人事成本。两种成本的主要区别在于：直接发生的人事成本是以实际工资与实际花费的时间作为基础进行计算，并分为两种情况，一种是工资的全部成本用于一个项目；另一种是工资的全部成本用于几个项目，计算的基础是从事项目工作的时间表。直接分配的人事成本则主要通过估算工作时间予以计算，不需要具体的工作时间表，学术人员的薪酬一般作为直接分配的人事成本。[①] 例如，研究类工作人员从事一个项目的成本是直接发生的成本；学术人员从事几个项目或者活动的成本一般视作直接分配的成本。

研究助理与一般研究人员的成本一般视作直接发生的成本，需要项目工作时间表。但是，也有例外。作为直接发生的成本，同时不需要项目工作时间表的情况主要有：研究项目的资助者认为他们是一个项目的专职工作人员，他们把所有时间用于项目工作；还有，他们所有的实际工资成本源于一个研究项目。研究助理、一般研究人员可能跟随首席研究员从事几个项目的工作，承担一系列其他方面的任务（如教学与支持类）。除非他们满足上述两个标准，或者完成项目的工作时间表，否则他们产生的成本一般被作为直接分配的成本，而不是直接发生的成本。[②]

---

① "Full Economic Costing： – Updated Guidance Notes for Peer Reviewers"，http：//www. rcuk. ac. uk/documents/document/fecpeerreviewerguidance – pdf/.

② Transparent Approach to Costing（TRAC）Guidance，prepared by J M Consulting Ltd.

项目评审人员一般不质疑研究员的薪酬率，但是需要评判每个研究员提出的工作小时数的理由以及从事项目工作的研究员数量。研究员从事项目工作的时间没有最低要求，但是，评审人员期望其拥有与工作量相对应的工作时间。评审人员一般考虑以下问题：研究人员估算的工作时间是否与项目计划的工作量相一致？项目计划的工作量对于执行与管理研究项目而言是否必要或者充分？估算的工作时间是否现实以及具有实际可行性？尤其是如果研究员参与项目工作不能被资助（例如，其他项目资助了他们的全部工作时间），或者项目只能对于他们投入的部分时间予以资助，那么评审人员会考察评估项目计划提出的研究员从事项目工作的时间是否合理与具有可行性。同时，项目首席研究员每年应当确认其他研究人员从事项目工作的时间不少于项目计划预估的时间。[①]

（2）工作时间。根据英国研究理事会的规定，直接发生的成本的计算基础是具体的工作时间表，主要适用于研究助理与一般研究人员；直接分配的成本的计算基础则是估算的工作时间，主要适用于研究员。研究理事会指出，对于个人的成本补偿可以保有一定灵活性，因为准确预估与评定研究员的工作时间存在一定难度，理事会保证给予研究人员的成本补偿与其从事项目工作的总体时间相平衡。研究员可以花费更多的时间从事研究理事会资助的项目，但是不能得到超过最长工作时间收入的补偿，即研究理事会对于研究人员的资助不能超过他们的全部工资水平，也就是相当于一年1650小时的总收入。[②]

一年1650小时有几种计算方式，一年220天，一星期37.5小时，一年44个星期，或者可以描述为一星期44.5小时，一年37个星期。计算工资成本、间接成本率与房地产成本率都需要运用一年1650小时这个概念。这个数目排除了周末、法定假期与休假的时间，意味着研究机构可能对工资成本、间接成本与房地产成本低估了5%~15%，因为1650小时没有包括病假、养育小孩的

---

① The Research Council of UK, "Introduction, Terms and Conditions of Research Council fEC grants", http: //www. rcuk. ac. uk/documents/documents/termsandConditionsofResearchCouncilfECGrants – pdf/.

② "Full Economic Costing: – Updated Guidance Notes for Peer Reviewers", http: //www. rcuk. ac. uk/documents/document/fecpeerreviewerguidance – pdf/.

假期、陪审员服务或者私人咨询等时间。① 但是，这也有操作空间，例如，首席研究员以一周37.5小时为基础计算工资与间接成本比例，但是工作人员一周工作时间可能超过37.5小时。

研究员（尤其是课题负责人与其他负责人等课题核心人员）可以采用各种方式预估时间，例如，按月预估时间，或者预估一年花费的平均时间，或者将研究助理每星期的小时数作为指标进行预估，并加上最后写作的时间。预估学术人员从事项目工作的时间的合适方式是预估项目工作需要的总小时数。② 总小时数除以资助年数可以计算出每年工作的小时数，每年工作的小时数乘以每小时工资率便是每年研究员的工资成本。③ 由于研究员的实际工作时间可能比项目计划书明确的时间更长，研究理事会一般基于研究员从事项目工作的全部工作时间给予相应报酬。考虑到研究员也从事教学或者其他工作，研究理事会有权利让研究机构保证参与项目的研究员有足够时间从事申请的项目工作。无论工作何时完成，所有的小时数应当计入项目成本。学术人员（研究员）的时间应当包括管理项目、从事项目工作与监督项目人员的所有时间，不应当包括被认定为支持类工作的时间，也不包括培训、监督研究生的时间。④

如前文所述，由于填写工作时间表需要花费大量时间，学术人员（研究员）一般都不愿意填写时间表。因此，透明成本核算法并未要求学术人员必须填写工作时间表。但是，如果研究员人事成本需要归入实际发生的直接成本，而研究员并非专职从事项目工作，那么人事成本的计算就需要研究员的工作时间表。研究理事会针对工作时间表制定了若干要求：首先，在项目资助期间按时完成并提交时间表；其次，工作时间表应当包括所有工作活动（教学、

---

① ② Transparent Approach to Costing (TRAC) Guidance, prepared by J M Consulting Ltd.

③ "Full Economic Costing: – Updated Guidance Notes for Peer Reviewers", http://www.rcuk.ac.uk/documents/document/fecpeerreviewerguidance – pdf/.

④ The Research Council of UK, "Introduction, Terms and Conditions of Research Council fEC grants", http://www.rcuk.ac.uk/documents/documents/termsandConditionsofResearchCouncilfECGrants – pdf/.

研究或资助型与其他，包括监督项目人员所花费的时间），并且保存研究项目的时间记录；根据工作总小时数计算得出每年的工作总小时数以及每个月的工作总小时数。[1] 如果工作时间表符合上述条件，那么相关人事成本可归入实际发生的直接成本。而且，由于欧盟项目的要求或者其他方面的规定，一些部门的学术人员（研究员）已经开始制作项目的工作时间表。

（3）避免双重资助。如果研究员工资的全部或者部分来自公共财政资助的其他项目，那么为了避免双重资助，项目申请应当不能寻求重复资助。外部资助主要包括由研究理事会、政府部门或者公共财政资助的学会提供的研究资助、中心资助、奖学金等。如果研究员的薪酬来自公共财政资助的其他项目，那么项目提案应当写明研究人员从事项目工作的时间，并将他们的名字列入项目研究人员名单，但是不对研究人员的时间成本予以补偿。[2] 然而，如果新项目开始的时候他们之前参与的项目已经到期，那么他们的时间与工资应当计入新项目成本；如果项目、奖学金未占用他们全部时间，而且新的项目与奖学金无关，那么研究助理、一般研究人员从事项目工作的时间也应当计入项目成本。还有，如果研究人员收到的薪酬来自非全部经济成本补偿模式的补偿（例如，全部经济成本补偿模式适用之前颁发的奖学金），那么研究人员的项目工作仍然可以在房地产、设施技术人员以及间接成本等方面得到相应补偿。[3]

总之，全经济成本计算方式面临的最大挑战是如何计算人事成本以及如何分摊建筑物等成本。[4] 为了计算项目成本，研究机构应当给学者提供以下条件：有关新方法的培训；帮助他们计算成本的支持系统；产生高质量成本预估

---

[1] "Full Economic Costing: – Updated Guidance Notes for Peer Reviewers", http：//www. rcuk. ac. uk/documents/document/fecpeerreviewerguidance – pdf/.

[2] The Research Council of UK, "Introduction, Terms and Conditions of Research Council fEC grants", http：//www. rcuk. ac. uk/documents/documents/termsandConditionsofResearchCouncilfECGrants – pdf/.

[3] Transparent Approach to Costing (TRAC) Guidance, prepared by J M Consulting Ltd.

[4] 李晓轩、阿儒涵、肖小溪：《英国科研项目全经济成本核算改革及其启示》，《政策与管理研究》2010 年第 25 卷第 2 期。

的财政与行政支持，尤其是针对复杂项目与不熟悉新计算方法的学者提供的支持。当计算项目成本的时候，首席研究员与其他成员应当能够阅读有关成本的文字材料，尤其是研究机构提供的成本情况，例如适用于每个研究员的工资成本或者薪酬级别；每年的小时薪酬与天薪酬；房地产费用（例如，图书馆的小时费用与一天费用）；间接成本比例（小时成本，一天成本）；机构成本指数；每种直接分配的成本的收费率。为配合全经济成本改革，英国各大学与科研机构分别成立了全经济成本专项小组来培训相关人员掌握计算方法与工具，并开发了专门的信息系统。①

第二节　英国专业研究理事会关于项目 负责人、研究人员薪酬规定

英国研究理事会下属的专业研究理事会都有各自资助的研究项目，在不同领域发挥着积极作用，促进了英国科研工作的蓬勃发展。下面对其中两个研究理事会的项目情况予以介绍，并结合具体的获得资助的大学的实例予以说明。

一、英国自然环境研究理事会（Natural Environment Research Council, NERC）

英国自然环境研究理事会是英国研究理事会下属的专业理事会之一。自然环境研究理事会资助环境科学领域里世界领先的课题研究项目。

1. 英国自然环境研究理事会资助项目类型

英国自然环境研究理事会有几种资助机制与渠道。有些资助是策略性地面

---

① "Making Sense of Research Funding in UK Higher Education", September 2010, Research Information Network factsheet.

向特定的领域与议题，有些资助是回应紧要的研究需求，或者保证研究人员拥有所需的技术与经验来进行科学研究。①

第一种，国家能力资助项目。项目旨在促使英国能够提供世界一流的环境科学研究，满足国家发展需求与回应紧急情况。项目主要资助保持这种能力的研究与发展活动，包括科学项目，大型研究设备，小规模的服务、设施与数据，以及向政府部门提供建议的公共产品服务。自然环境研究理事会根据理事会明确的策略与计划具体分配财政预算。②

第二种，战略性研究资助项目。这类项目研究一些重大的科学议题，这些议题对于英国的繁荣与民众福利具有重大意义，主要围绕如何管理环境变化、如何有效利用稀有资源以及应对自然灾难等议题进行研究。除了将资金投入基本科学的重要领域，理事会还支持一些培训，帮助建设研究社区，聚集各个学科的研究人员与潜在的科学成果使用者。项目主要有三种类型，一是研究最重要的题目，需要对理事会列出的议题之一提出项目申请与计划书；二是理事会战略性研究项目，每个项目会有1个以上的资助机会，需要申请者针对项目目标的特定方面提出申请；三是共同的战略性项目，理事会参与的其他资助者主导的资助项目。③

第三种，发现性科学项目。这类项目资助强调研究者的科学好奇心，而不是战略性研究需求，因为问询一些基本的科学问题常常能够产生重要的科学成果。虽然并非所有项目都能够影响社会与促进经济发展，但是至少某些项目会具有实际影响力。这类项目可以进行纯理论的、应用型的或者政策导向性的研究，但是所有研究必须讨论或者提供方法来讨论明确的科学问题。项目主要有三种类型，一是标准的研究项目，二是大型的研究项目，三是紧急的研究项目。紧急的研究项目主要是指那些未曾料想的短期研究机会，例如针对地震、火山等突发自然现象进行研究。④

----

①②③④　Natural Environment Research Council, Funding, http: //www.nerc. ac. uk/funding/.

第四种，创新型资助项目。自然环境研究理事会不仅资助科学项目，而且资助科学研究与社会、市场有效结合，开发与推广能够用于实践的科学成果，帮助科学研究人员与工业、政府或者其他领域的实践工作者建立工作联系，促进思想与知识的自由流动。项目形式多样化，既有共同设计与从事研究项目，也有帮助研究人员将研究成果商业化。一般来说，理事会通过一些活动促进与鼓励知识的交流，例如，发表研究文章，培训博士生与博士后研究人员，通过会议等形式帮助研究人员建立正式与非正式的联系；理事会还资助一些特定的知识交流活动，例如培训、知识流动网络、与使用者一起进行的共同研究、研究成果商业化。①

第五种，研究生培训。为了英国今后能够持续引领世界一流的环境科学发展，国家需要注重培训下一代研究人员。理事会提供学生奖学金项目、培训项目来帮助青年学生积累知识与经验。培训主要分为三种类型，第一种是回应式博士生培训，研究题目由学生或者指导老师确定；第二种是集中式博士生培训，研究题目可能仍由学生或者指导老师确定，但是项目旨在给学生提供特定技能或者知识方面的培训，并与理事会战略性目标或者项目相关；第三种是高级技能培训，包括一些短期培训项目等。②

第六种，奖学金项目。项目主要为优秀的早期研究人员提供发展机会，让他们拥有时间产出具有国际影响力的研究成果，帮助他们建立研究团队，促进其研究职业生涯的发展，让年轻学者最终成为公认的学科带头人。项目主要有两种类型，一种是独立的研究学者奖学金，主要资助优秀的环境科学研究人员进行深入研究，帮助他们建立研究团队与成为国际化学者；另一种是知识交流运用型奖学金，让学者聚焦如何加速与扩大经济影响力以及提高生活质量。此外，还有一些其他类型的学术奖金。③

第七种，资本资助。为了维持与增强英国环境科学的影响力，自然环境研

---

① ② ③　Natural Environment Research Council, Funding, http://www.nerc.ac.uk/funding/.

究理事会需要资金投入新技术、设备、设施与房产，既包括为已有的资产提供支持，也包括确立新的项目，包括对研究中心、大学或者其他研究组织的资助，赞助多样化的研究基地，促进英国研究与创新。

自然环境研究理事会的资助项目促进了英国环境科学的发展，对英国环境保护做出了很大的贡献。例如，理事会资助了不少有关英国水供应的科研项目。水是重要资源，水产业是英国经济的重要组成部分。欧盟水指令对于保证与提高英国水质量发挥着重要作用，理事会的研究帮助政府根据指令确立水质量标准，保证每次标准的修改都有可靠的科学依据。据估算，环境科学研究理事会每年大约投入6500万英镑资助水研究项目，让英国从更干净的水资源获利50.5亿英镑，以及为英国水产业节约了70亿英镑。①

2. 英国自然环境研究理事会具体资助规则

英国自然环境研究理事会根据英国研究理事会的规定，制定了资助项目的具体规则。这个规则的内容与英国研究理事会规定基本一致，部分规定更加细化。与英国研究理事会的规定相同，自然环境研究理事会一般资助研究项目所有经济成本的80%，也分为实际发生的直接成本、分配的直接成本、间接成本以及例外的成本等类型。② 下面对自然环境研究理事会的部分规定予以介绍（不涉及与上述英国研究理事会规定相同的内容），以更加全面地了解科研项目的资助规则。

（1）自然环境研究理事会明确设备可作为直接发生的成本，但必须是用于项目工作的单项设备的成本，而且成本应当超过10000英镑（包括增值税）。同时，未包含于研究机构房产成本的维护费用与其他相关成本也是直接发生的成本，例如，实验室/工作室的设备的安装成本以及对房屋设备进行必要修缮的成本。成本少于10000英镑（包括增值税）的设备可归入实际发生

---

① Natural Environment Research Council, Funding, http：//www. nerc. ac. uk/funding/.

② "NERC Research Grants and Fellowships Handbook Grants Awarded on Full Economic Cost Basis", http：//www. nerc. ac. uk/funding/application/howtoapply/forms/grantshandbook/.

的其他直接成本。①

（2）实际发生的其他直接成本主要包括消耗品、书本、车辆，以及成本少于 10000 英镑的设备项目。这类成本还包括专利费用以及其他知识产权费用。自然环境研究理事会资助手册明确，如果项目计划书提出购买一般性使用的物品，例如没有特殊用途的电脑，那么计划书必须说明项目工作需要这些物品的理由，以及研究机构不能提供这些资源的缘由。项目计划书列出的成本应当基于现在的市场价格水平，不必考虑通货膨胀。②

（3）单项研究奖学金的申请不能要求价值超过 10000 英镑的单件设备以及访问学者、研究助理或者相关学生费用的补偿。10000 英镑的限制规定不适用于项目资助只支付部分价格的设备。

（4）承担项目工作的研究机构可以自行决定完成项目任务的具体方式。例如，如果研究机构缺少某个领域的经验，那么可以将项目任务分包给其他单位。自然环境研究理事会支付 80% 的分包费用，分包费用属于实际发生的其他直接成本。③

（5）研究人员薪酬属于分配的直接成本，通过估算研究人员的工作时间而得出。估算研究人员的工作时间对于确定研究人员成本的数目十分重要。薪酬成本不包括研究人员指导学生的工作时间，以及项目结束之后撰写出版物的时间，但可以包括主要研究员从事研究、田野调查、监督指导其他研究人员、项目管理以及与其他项目合作伙伴进行互动的时间。

房地产成本也属于分配的直接成本，主要包括建筑与房屋成本、基本服务与设施费用、相关办事人员费用、其他成本类别未包含的设备维修/运行成本。如果研究人员在项目期间被借调至其他单位工作超过 6 个月，那么房地产成本不能予以补偿。④

其他分配的直接成本包括对研究机构提供给所有工作人员的共同资源予以

---

①②③④　"NERC Research Grants and Fellowships Handbook Grants Awarded on Full Economic Cost Basis"，http：//www. nerc. ac. uk/funding/application/howtoapply/forms/grantshandbook/.

补偿，例如，在学术部门工作的技术人员或者其他辅助类人员的费用；属于机构工作人员系统的技术人员与其他辅助人员支持项目方案的工作成本；设施技术人员成本；机构的研究设备以及分享的其他设备。

（6）自然环境研究理事会还发放研究员专项资助。在接受研究员专项资助期间，研究理事会专项资助的研究员（或者由其他单位全部资助的人员）不能要求获得他们作为项目负责人/共同研究员从事项目工作的薪酬，不能要求获得研究项目的房地产成本或者间接成本的支付。

英国自然环境研究理事会资助的研究员可以申请负责或者参与欧洲研究理事会资助的研究项目。如果研究员申请的欧盟项目获得批准，那么英国自然环境研究理事会提供的研究资助一般降至50%，从而保证研究人员有足够时间从事欧盟项目工作。同时，英国自然环境研究理事会相应延长项目资助的期限，给研究人员提供充分的时间完成项目任务。因此，如果有两类资助，那么欧洲研究理事会资助研究人员50%的薪酬，英国自然环境理事会资助50%的薪酬。①

此外，在项目资助期间，英国国内或者其他国家的研究员可以接受资助去访问项目研究员所在机构，并以全职身份提供有关项目工作的意见与帮助。访问学者一般能得到与研究机构同等职称人员一样的薪酬与待遇。英国自然环境研究理事会仅仅支付访问学者直接从事项目工作期间的薪酬。如果访问学者的访问时间超过6个月，那么研究理事会支付相应的房地产成本与间接成本。上述支出只限于访问学者，不包括其家属。如果访问学者得到其他渠道的资助，或者得到所在机构的资助，那么研究理事会给予的资助则相应减少。同时，研究理事会还可以资助项目研究人员去国外机构学习新的技术或者了解研究发展状况，游学访问应当有助于研究项目工作的开展。②

---

①② "NERC Research Grants and Fellowships Handbook Grants Awarded on Full Economic Cost Basis"，http://www.nerc.ac.uk/funding/application/howtoapply/forms/grantshandbook/.

二、英国生物科技与生物科学研究理事会（Biotechnology and Biological Science Research Council，BBSRC）

生物科技与生物科学研究理事会资助生物科学领域的各类研究项目，给研究学者提供培训与发展的机会，促进生物科学欣欣向荣。尤其值得推荐借鉴的是，研究理事会针对学者提供各类资助，帮助不同阶段的学者拥有从事科研工作的资源与时间，充分挖掘学者的学术潜力，孕育培养世界顶级的科学家。

为了使英国生物经济维持 1000 亿英镑的水平，研究理事会需要确保各个层次不同阶段的研究人力资源。研究理事会给大学生继续深造提供资助，例如各类博士生奖学金，从而为英国不断输出生物科学领域的精英人才。博士生毕业后走向不同的工作岗位，40% 从事学术研究工作。研究理事会与其他机构合作每年在大学、研究机构资助大约 2000 个博士生（4300.5 万英镑）。资助方向包括高级研究培训，在英国各类顶级实验室提供与理事会明确的科研项目相关的培训，尤其注重不同学科融合的培训，因为生物、化学、物理与工程方面的知识与技能融合日益重要。另外，还包括核心生物科学技能的培训与实习培训等各类资助机会。[①]

研究理事会提供学术资金，资助学者从事科研工作，尤其是在学者转型时期提供重要资助。例如，在学者早期阶段，理事会资助他们进行第一次独立的研究，帮助他们成为科学家；如果学者已经有一定学术成果，理事会可以资助他们建立第一个研究团队，成为课题负责人；如果由于家庭、健康等原因，优秀的学者暂停科研工作，那么理事会可能资助他们重返科研职场；如果学者根据之前的理事会科研项目产出商业想法，那么理事会可以资助他们制定商业计划、寻求投资以及接受商业技能等方面的培训。学术奖金主要有未来领导学术

[①] Biotechnology and Biological Science Research Council, Funding, Skills, http://www.bbsrc.ac.uk/funding/.

奖金、大卫·菲利普学术奖金、达芙妮·杰克逊学术奖金、企业奖金等。[①]

　　研究理事会资助博士后进行研究，帮助他们提高研究成果水平与提升职业生涯能力。为了最大化挖掘与发挥研究学者的潜力，研究理事会提供博士后发展指南、专家建议组、社区网络以及技能与职业发展的机会。其中，指导项目是研究机构资助工作人员职业发展的关键项目，培训人员主要包括博士后与课题负责人。[②]

　　研究理事会还特别关注创新研究，资助创新项目与活动，注重科研成果运用于实践从而具有一定社会影响力，重视学术机构与企业、政府之间的交流互动，让生物领域的科研服务于英国工业策略与经济发展战略。一是加强学术机构与商业机构在知识与技能方面的交流，培养研究学者的实践运用能力。这类项目一般持续 1~3 年，企业雇佣一个以上年轻学者与工商界人士一起从事某个创新型项目，学者由学术机构与企业一并进行监督指导，企业支付学者从事项目的成本，政府通过项目资助支付学术机构的相关费用。二是鼓励创新，例如工业合作奖金就是由学术界主导，工商界参与资助的项目，一般工商合作伙伴资助占整个项目的 10%。三是最大化影响力，主要是鼓励博士后等年轻学者进行创业与将科研成果商业化，有年轻企业家项目、科研成果商业化项目等。另外，还有不少针对特定技能进行的培训。[③]

　　不少学者受益于生物科技与生物科学研究理事会的资助项目，拥有资源与时间进行深入研究，与工商界人士充分交流互动，将科研成果影响力最大化，实现了他们的科研之梦。安东尼·伟恩是个生物领域的学者，曾做项目负责人，由于搬家以及照顾两个小孩，他离开了研究岗位很长一段时间。当小孩开始上学，他想重返科研职场，却发现几年的空缺让他很难找到合适的工作。但他没有放弃，通过与大学学者的多次交谈，开始申请并成功获得理事会达芙妮·杰克逊学术奖金。安东尼强调这个学术奖金让他重获信心，有机会重启生

---

　　①②③　Biotechnology and Biological Science Research Council, Funding, Skills, http://www.bbsrc. ac. uk/funding/.

物科学之旅，能够再次建立学术网络，发表科研文章，贡献科研成果。①

利泽是剑桥大学的教授，早年她曾经获得了理事会的研究发展学术奖金，专门从事特定题目的研究。她认为理事会学术资助对她很重要，项目持续三年时间，减少了她的教学工作量，让她有足够的时间从事研究。资助期间，她拜访其他研究中心，进行交流与从事研究。她认为，在技术发展迅速的时候，这关键的三年让她能根据变化做出新的研究。贾尔斯是另一个获得理事会学术奖金资助的学者。当他在斯坦福大学做博士后的时候，他申请获得了理事会大卫·菲利普学术奖金。他说，这个资助让他有机会从大量的行政工作中解脱出来，让他有充分的时间从事他的项目研究；研究成果对贾尔斯之后的科研之路有很大的帮助，让他成功获得了其他项目资助。贝斯是埃克塞特大学的教授，他非常感谢他曾经获得的理事会学术奖金，认为五年的资助让他有自由根据其兴趣从事研究工作，不必担心需要马上发表文章；资助让他拥有财政自由，他可以运用资源与时间进行大型实验，这些实验常常能产生令人兴奋的结果。还有一名帝国理工大学的教授说，他曾经获得的理事会学术奖金让他能够很快地建立研究团队。②

三、英国大学有关规定与具体情况

1. 伦敦大学学院有关计算课题项目成本的指导

伦敦大学学院专门制定了文件指导研究人员如何计算课题项目成本。指导文件指出，研究人员需要认真阅读计划申请项目的各项要求，应当考虑所有与课题项目成本相关的各类因素，使用伦敦大学学院的成本工具予以计算，并申请学院财务部门通过。研究人员计算课题项目成本的时候需要考虑以下项目：工作人员成本、设备成本、非工作人员成本、项目的增值税、国家医疗服务设

---

①② Biotechnology and Biological Science Research Council, Funding, Skills, http：//www. bbsrc. ac. uk/funding/.

备与服务（房屋成本与间接成本可通过学院计算成本工具予以计算）。①

一名工作人员从事课题项目工作的所有成本应当包括以下项目：基本工资、伦敦津贴、国家保险与养老金费用以及每年薪酬递增费用。工作人员职称提升与工资上升的成本应当予以计算。人事成本应当包括所有从事课题工作的人员的费用，例如，学术研究人员、研究助理或者其他研究人员、行政工作人员、技术支持人员等费用，项目学生奖学金费用，咨询人员费用，代替教学的成本，临时工作人员费用，支持类人员费用。

课题负责人应当估算出其直接从事项目工作的时间。如果课题负责人的工资直接来源于课题资助，那么课题的人事成本就是人员的实际工资，归于实际发生的成本；否则就是直接分配的人事成本，一般用于级别较高的研究人员，学院有专门制度规范直接分配的人事成本。如果课题负责人、共同负责人以及其他参与课题的研究人员的工资已经由欧洲研究理事会项目予以 100% 的资助，那么课题申请仍然需要指出这些人员从事课题的时间，即使申请的课题不会对这些人事成本予以补偿。②

学院为英国或者其他国家高级研究人员提供访学机会的成本也可予以计算，主要包括接待访问学者的费用，例如，旅行费用、生活费用、相关的房屋费用与间接成本。当计算项目学生（主要是博士生）费用的时候，需要考虑津贴费用与学费两种类型成本。津贴费用可归入工作人员成本一类，而学费应当归入非工作人员成本一类。资助单位可能会对这类学生成本有所限制，例如，医学研究理事会不对学生费用予以资助。③

指导文件明确，学院能够根据课题负责人与共同负责人、一般研究人员、研究助理、研究支持类人员、来自工业的访问人员、名誉工作人员、访问学者等人事成本申请房屋与间接成本补偿，但是不能根据技术支持人员、行政支持人员费用申请房屋与间接成本补偿。④

---

①②③④ London's Global Universtiy, "Costing Research Projects - Basic Guide", https：//www.ucl.ac.uk/.

2. 英国伯明翰大学有关计算课题成本的典型案例

伯明翰大学制定文件专门指导研究人员计算课题成本，并以举例方式予以说明和指导。例如，史密斯教授希望申请持续时间为 3 年的课题项目（基于实践经验的虚拟例子）。下面就是他根据学校明确的步骤对课题成本进行的计算。①

（1）直接发生的成本。首先，史密斯教授需要计算执行课题项目必须花费的资源的成本。②

1）设备，从一公司获得报价 15000 镑，包含增值税。

2）出差，他计划 5 次国际出差，每次 5 天时间，飞行费用 500 英镑，100 英镑（住宿/食物/当地交通）×5 天 = 500 英镑，所以总费用是 1000 英镑×5 次出差 = 5000 英镑。

3）研究人员，课题项目工作需要全职研究人员参与协助三年的课题工作，史密斯教授需要向大学财务会计部门获取相关职位研究人员的人事成本，同时提供工作研究人员的级别与参与课题工作的起止时间点。例如，全职研究人员的工资成本是 96000 英镑。

4）消费品，教授估计需要 10000 英镑的消费品。

5）技术人员，教授认为并不需要雇佣技术人员，但是需要占用大学已有技术人员一些时间。由于时间是预估的时间，所以相应成本归入直接分配的成本。

（2）预估课题负责人的时间。教授需要预估自己以及其他课题负责人从事课题工作的时间。他根据大学相关指导予以估算，首先计算出自己每周平均工作时间大约是 40 个小时，这个时间排除了来回上班的时间与中午 45 分钟午饭时间。接着，他使用透明核算方法中的数据来计算可用于研究工作的时间，除去教学、支持类工作、指导学生以及其他时间，他还剩下每周 13 个小时的

---

① ②　University of Birmingham, "Full Economic Costing, Examples of a Full Economic Costing", https：//intranet. birmingham. ac. uk/finance/fEC/Costing/index. aspx.

时间用于研究工作。史密斯教授一般会从事两个课题项目，也有时多于两个，有时少于两个。因此，他根据这个数目予以平均，13 个小时/2 个项目 = 每个项目 6.5 个小时。教授也考虑了其他相关因素，但仍认为 6.5 个小时是推测得比较合理的时间。①

（3）课题负责人工资成本与其他直接分配的成本。史密斯教授需要计算直接分配的成本，这类成本不是特别用于特定项目的成本，而是与其他项目或者工作分享资源的成本。

1）课题负责人的成本。史密斯教授告知大学财务部门自己在第二步预估的从事项目工作的平均时间以及项目的起止日期，接着财务部门就向他提供了估算的工资成本（54000 英镑）。接下来计算其他直接分配成本。

2）估算特定工作人员成本，例如技术人员成本。由于完成课题任务可能需要在实验室进行实验，史密斯教授应当考虑是否需要实验室技术人员的协助，如果需要，时间为多长。他预估课题项目三年期间需要一名实验室技术人员（工资为一年 16000 英镑）每个月 5 天的时间：5 × 12 × 3 = 180（天）；180 天 × 100 镑/天 = 18000 镑。②

3）研究设施与已有的设备。项目的一些实验需要使用大学显微镜设施中比较复杂的显微镜设备，史密斯教授被告知使用这些设备的费用是 35 镑/小时，教授估计课题组每年需要使用设备 100 个小时：100 × 3 × 35 镑 = 10500（镑）。

4）一般的技术服务。大学明确了一般技术服务的成本，财务团队提出成本为 9000 英镑。③

（4）房屋与间接成本。史密斯教授知道完成课题的全面经济成本核算，还需计算项目的房屋成本与间接成本。由于项目主要在实验室进行，所以其财

---

①②③ University of Birmingham, "Full Economic Costing, Examples of a Full Economic Costing", https: //intranet. birmingham. ac. uk/finance/fEC/Costing/index. aspx.

务团队提出房屋成本为 38000 英镑，并且指出间接成本为 110000 英镑。①

因此，这个项目的全面经济成本如表 10 所示。

另外，大学指导文件指出预估课题负责人与其他负责人等课题人员的工作时间非常重要。由于各个课题的规模与复杂程序有所不同，课题负责人需要考虑各类因素来确定工作时间。予以考虑的一些因素见表 11。②

表 10　项目直接成本

名称	金额
一般研究人员	96000 英镑
设备	15000 英镑
出差	5000 英镑
消费品	10000 英镑
课题研究者成本	
课题负责人工资成本	54000 英镑
其他直接分配的成本	
项目特定人员成本——技术人员	18000 英镑
研究设施	10500 英镑
一般技术服务	9000 英镑
房屋成本（实验室）	38000 英镑
间接成本	110000 英镑
总经济成本	365500 英镑

①② University of Birmingham，"Full Economic Costing，Examples of a Full Economic Costing"，https：//intranet. birmingham. ac. uk/finance/fEC/Costing/index. aspx.

表 11　课题负责人需考虑的因素

课题项目任务	影响因素
确定课题方法论、课题工作方法与技术等	课题负责人的经验是什么，对这个领域的了解程度
组成研究团队/计划/课题会议与协调	有多少课题负责人与其他负责人，有多少合作伙伴，课题组会议的频率
招收与监督工作人员	技术人员的数量
购买与维护设备	设备的专业化程度
田野工作，实验室，影像	课题负责人的经验是什么，对这个领域的了解程度，某些地方进入的方便程度，样本与研究标的的收集
写作报告（初期，中期，最终）	资助者的要求
会议/传播活动	计划的活动的规模

指导文件强调某些时间可以列入课题工作时间，例如，写作报告与宣传课题成果的时间（包括那些课题结束之后的时间），以及直接用于管理课题、从事课题工作与监督课题成员的时间，但是不包括课题项目申请准备时间、监督指导博士后的时间以及与课题项目不直接相关的行政管理的时间。全面经济成本核算模式要求列明各个工资层级，各个研究员根据级别等因素分属不同的工资层次或者工资组；大学的财务团队根据研究负责人提供的从事课题工作的时间与人员的工资层次计算出研究人员从事课题研究的人事成本。[①]

课题负责人应当确认自己以及其他课题成员从事课题工作需要的时间，但是，一般来说，今后具体工作花费的时间可能会多于或者少于估算的时间，误差一般为 20%。课题负责人应当提供一些证明工作时间的证据，例如会议记录、实验室记录、工作成果数量、写作的日记等。[②]

---

①② University of Birmingham, "Full Economic Costing, Examples of a Full Economic Costing", https: //intranet. birmingham. ac. uk/finance/fEC/Costing/index. aspx.

第三节　英国科学基金项目科研人员
薪酬规定的特点与总结

　　英国加强科研项目管理，引入并全面运用全经济成本方法，确保资金的科学投入与合理使用。全经济成本方法使英国研究理事会获得了更多的科研经费，帮助研究人员全面认识科研成本，深入考察成本投入的合理性，同时促使大学及科研机构的管理者全方位了解机构运行情况以及科研人员的工作情况。但是，这种管理方式也有不足之处，例如，成本计算手册十分复杂，非专业财务人员难以操作，以及全经济成本方法使科研经费更多地向科研实力强的大学聚集，导致科研实力强的大学和科研实力弱的大学两极分化更加明显。以下是对相关内容的简单总结。

　　第一，全经济成本方法将透明核算的成本计算方法应用到科研项目层面，明确经济成本主要分为4个类别，即直接发生的成本、直接分配的成本、间接成本以及其他成本。直接发生的成本根据项目工作期间实际发生的成本予以确定，必须拥有相应的审计记录。直接发生的成本主要有：研究助理、一般研究人员以及技术人员的工作成本；项目使用的设备的费用；项目工作期间的出差费用与生活津贴；其他实际发生的直接成本。直接分配的成本的计算方法是成本估算，并不要求必须是实际发生的成本，主要包括项目研究员工作成本、房地产成本、其他直接分配的成本。

　　第二，英国对研究人员进行了简单区分，并适用不同的经费管理方式。研究人员主要包括学术性人员与研究类工作人员。学术性人员主要指研究员（首席研究员与合作的其他研究员）；研究类工作人员主要指研究助理与一般研究人员。研究类工作人员工资一般作为直接发生的人事成本，以实际工资与实际花费的时间作为基础进行计算，并分为两种情况，一种是全部工资成本用于一个项目；另一种是工资成本用于几个项目，计算基础是从事项目工作的时间表。学术人员薪酬一般作为直接分配的成本，主要通过估算工作时间予以计算，不需要具体的工作时间表。

第三，项目研究员的人事成本。项目研究员人事成本的计算方式一般是：研究员人事成本＝从事项目工作的总小时数×薪酬率。由于研究员从事伏案研究，较难制定工时表，而且研究员一般不愿填写工时表，所以他们的工作时间一般基于推测而定，并非直接依据工作时间表确定。但是，如果他们用于项目的工作时间有审计记录，相关计算符合实际发生成本的原则与规定，那么研究员的人事费用也可作为直接发生的成本。

学术性人员（研究员）的时间应当包括管理项目、从事项目工作与监督项目人员的所有时间，不应当包括被认定为支持类工作的时间，也不包括培训、监督研究生的时间。研究员可以采用各种方式预估时间，例如，按月预估时间，或者预估一年花费的平均时间，或者将研究助理每星期的小时数作为指标进行预估，并加上最后写作的时间。预估学术人员从事项目工作的时间的合适方式是预估项目工作需要的总小时数。总小时数除以资助年数可以计算出每年工作的小时数。英国研究理事会明确，对研究员每年进行资助的最长时间是一年1650小时，即对研究人员的资助不能超过他们的全部工资水平，也就是相当于一年1650小时的总收入。

第四，其他研究人员的人事成本。研究助理与一般研究人员的成本一般视作直接发生的成本，需要项目工作时间表。如果研究项目的资助者认为研究助理或者一般研究人员是一个项目的专职工作人员，他们将所有时间用于项目工作，而且他们所有的实际工资成本源于一个研究项目，那么研究助理与一般研究人员可以不提交工作时间表。研究助理、一般研究人员可能跟随首席研究员从事几个项目的工作，承担一系列其他方面的任务（如教学与支持类工作）。因此，除非研究助理与一般研究人员完成项目的工作时间表，或者满足不提交工时表的条件，否则他们产生的成本会被作为直接分配的成本，而不是直接发生的成本。

第五，避免重复资助。如果研究员工资的全部或者部分来自公共财政资助的其他项目，那么项目提案应当写明研究人员从事项目工作的时间，并将他们的名字列入项目研究人员名单，但是不对研究人员的时间成本予以补偿。在接受研究员专项资助期间，研究理事会专项资助的研究员（或者由其他单位全部资助的人员）不能要求获得他们作为项目负责人/共同研究员从事项目工作的薪酬，不能要求获得研究项目的房地产成本或者间接成本的支付。此外，如果研究员申请的欧盟项目获得批准，那么英国研究理事会提供的研究资助一般降至50%，从而保证研究人员有足够时间从事欧盟项目工作。

第六，间接成本的确定。由于研究理事会根据研究人员从事项目工作的努力程度分配间接成本，因此，研究项目努力程度的变化情况直接影响最后授予的资助水平。研究机构一般在资助授予前花费十天时间重新计算成本数目。英国研究理事会对房地产成本与间接成本进行质量保证审查，并使用一定计算方法保证结果的相对准确性。机构的科研间接成本率等于机构科研的总间接成本除以科研的全时当量。间接成本率以历史为基础，计算方法和数据需要保持稳健性。

第七，课题签约机构与课题负责人的责任。课题签约机构对于课题资助的人员承担所有的责任与义务，包括人员雇佣的条件与要求，以及因雇佣关系产生的人员培训、指导与监督工作。研究机构有责任让负责课题的研究人员充分知晓其从事课题工作的权利与义务，保证课题工作符合法律与政府文件规定。

此外，英国政府对高校的资助并非由政府主管部门直接拨给高校，而是经过高等教育拨款委员会和研究理事会等非官方组织向高校与研究机构拨款。非官方公共组织接受政府主管部门以及社会各界的监督，成为政府与高校、研究机构之间的缓冲器，避免政治因素介入高校与研究机构管理。①

　　虽然全经济成本模式是英国科研管理成功的关键因素，但是成熟的英国信用社会也是科研管理高效成功的重要原因。英国社会各界人士视信用与声誉高于一切，科研人员更是如此。如果科研人员在经费使用方面存在信用问题，那么他们将难以在科技界立足。② 英国构建了以信用为基础，自我约束与外部监督并重的科研经费监管体系，科研经费使用失信行为鲜有发生。

　　总之，英国研究资助体系比较成功，模式值得借鉴。英国研究理事会下属的各个专业理事会资助各类研究项目，给研究学者提供培训与发展的机会，促进科学的蓬勃发展。理事会资助优异的世界领先的课题项目，有的策略性地面向特定的领域与议题，有的回应紧要的研究需求，有的保证研究人员拥有所需的技术与经验来进行科学研究。专业理事会针对学者提供各种形式的资助，帮助身处不同阶段的学者拥有从事科研的资源与时间，进而充分挖掘学者的学术潜力，孕育培养一批批世界顶级科学家。

---

① Research Information Network factsheet，"Making Sense of Research Funding in UK Higher Education"，September 2010.

② 雷雯、宋宜蔚、张云雾：《英国政府科研经费管理对我军科研经费审计工作的启示》，《当代经济》2015 年第 8 期。

第六章　日本科学基金项目科研人员薪酬法律制度

日本的科技创新整体实力与国际竞争力一直处于领先地位，这与其所实施的较为成功的国家科技战略密不可分。在日本的科技战略体系中，日本政府为科学研究提供财政资助，是其重要的构成部分。在这方面，日本学术振兴会（JSPS）作为日本政府支持基础科学发展的重要机构，发挥着举足轻重的作用。

日本学术振兴会（Japan Society for the Promotion of Science，JSPS）是独立的行政机构，旨在促进自然、社会和人文各个领域的科学发展。JSPS 作为肩负日本学术振兴重任的机构，过去八十余年始终积极致力于开发和实施一系列影响深远的国内外科学计划，通过资助科研、培养研究人员、促进国际学术交流等方式促进学术振兴事业的发展。① 通过同行评审机制，JSPS 向科研人员提供研究资金，资助人文社会科学及自然科学等各类研究项目，取得显著成效。除资金投入外，构建公平合理的法治体系，也是日本学术振兴会得以实现其战略目标的基本保障。JSPS 在为促进科学进步而建立的广泛的政府政策框架内工作的同时，以适应参与科学家需求的灵活方式执行其计划。②

---

① 参见日本学术振兴会北京代表处网站，http：//www.jsps.org.cn/jspsbj/site/dbcgych/szzcch‐2015.htm。

② 参见日本学术振兴会英文网站，https：//www.jsps.go.jp/english/aboutus/index3.html。

JSPS 始建于 1932 年昭和天皇捐资设立的非营利性基金会。1967 年开始在教育、科学、体育和文化部的主持下成为准政府组织。2001 年开始在教育、文化、体育、科学和技术部的领导下成为准政府组织。2003 年 10 月，JSPS 进入了一个新阶段，在日本政府以建立"独立行政法人"为标志的行政体制改革的大背景下，日本学术振兴会转变为独立行政法人机构，按照《独立行政法人机构总法》的要求必须定期进行绩效评估，对本机构的组织与运行情况进行考核。2004 年以来，JSPS 根据独立行政法人的要求每年开展年度自评估。在这个框架内，JSPS 正在努力发展成为一个充满活力的研究支持组织，努力优化其管理的有效性和效率，促进研究人员自由想法驱动的研究，同时培养下一代有才华的研究人员。[①]

日本学术振兴会认为，科研人员的不断努力将科学推广到人文学科、社会科学和自然科学领域，从而形成一个强大的人类社会的最高级知识体系。科学技术是推动一个国家工业的国际竞争力引擎，可以提高其在全球的国际竞争力。对于日本来说，它也起着至关重要的作用。科学研究是这个时代最高级的知识创造。培养能够肩负起科技创新的人才，比以往任何时候都更重要。为此，JSPS 目前正在进行第三个中期计划，JSPS 继续努力实现其四大支柱目标：①创造不同的世界级知识；②建立稳健的国际合作网络；③培养下一代，同时加强高校教育研究功能；④促进与社会联系。

近年来，日本学术振兴会的预算一直在增长。2017 财年的预算总额为 2677 亿日元，其中包含国家财政运行资金 267 亿日元，科学研究经费补助 1417 亿日元，"优秀青年研究人员领先倡议"计划 15 亿日元和战略国际研究促进计划 11 亿日元。

鉴于 JSPS 在日本科研经费管理体系中的重要地位及其资助的青年类项目颇具特色，本章将以日本学术振兴会（JSPS）及其资助的青年类项目为主

---

① 参见日本学术振兴会英文网站，https://www.jsps.go.jp/english/aboutus/index3.html。

要研究对象，介绍日本科学基金科研经费管理中科研人员薪酬制度的相关规定。

第一节　日本学术振兴会（JSPS）科研经费管理规定概述

日本学术振兴会作为独立行政法人，与其相关的法律不仅包括有关的行政法律法规，也包括来自其上级主管部门（即文部科学省）以及其他各省、内阁府所发布的政令。除此以外，日本学术振兴会还根据其职权及资助管理等事务的实施需要，制定了为数众多的规范性文件。这些规范性文件除对日本学术振兴会的内部人员和事务具有约束力之外，还对接受和申请日本学术振兴会科学研究资助的科学研究人员及科研单位有约束力。

资助法律制度是日本学术振兴会法治体系的第二大重要构成部分，其涉及的法规较多，如《科学研究费资助金操作规程》《学术振兴会资助使用条件》《关于资助金等预算执行的公正、合理化的法律》《科学研究费资助金的审查与评价规程》等。众多的法律法规涉及对研究项目申请、评审、实施与管理、结项等各阶段事务的规制，也涉及众多具体的事项，如申请的主体、程序、受理、资助期间、受资助主体的责任、项目业绩报告、资助的中止与撤销、资助经费的分类、资助标准、可资助事项、资助强度等。此外，有关法规还涉及一些特殊的问题。如《学术振兴会资助使用条件》除了对研究人员、依托单位的责任、经费使用等常规事项做出规定外，还特别就受资助研究人员因产假等特殊事项所带来的中断研究等个别事项做出了规定。这种立法方式，使日本学术振兴会的法律制度不仅系统、详细，且极具可操作性。在系统合理的法制保障下，日本学术振兴会将政府的资助经费分配给那些有望在国际和国内取得杰出研究成果的项目申请，以及有望提升有关科学研究领域科研水平的资助申请。①

按照《关于资助金等预算执行的公正与合理化法律》规定，日本学术振兴会的经费按来源可以分为直接资助金和间接资助金。直接资助金是指国家对国家以外的人给付的资助金、负担金、利息补给金以及其他由政令规定的资金。② 间接资助金主要是指：①中央机关（省、厅）以外者提供的不求对价的（也即无偿）的资金，（该）资助金可以直接或间接成为其（接受者）资助的一部分或全部，并且，要遵从该资助金的交付目的而交付。②利息补给金是为了减轻前一款中所述的给付金资助金接受者的利息负担，遵从交付的目的，（通过）减轻利息（促进）资金融通。③ 无论是直接资助金还是间接资助金，被资助者都必须公正有效地使用经费，只能将经费用于被批准的资助项目上而不得违反资助条件或者挪作他用，否则的话会面临相应的经济处罚。④

就具体科研项目经费而言，一般包括直接经费和间接经费。其中，直接经费可以广泛用于开展科研项目所需的费用，包括购置物品费、差旅费、劳务费/酬金和其他杂项费用。但是，直接经费不得用于以下支出：建筑物和设施的费用（不包括因使用直接经费购置物品而产生的必要的安装费用），实施资助项目期间发生的事故或灾难的处理成本，首席研究员或合作研究员⑤（Co - Investigator）的劳务费/酬金以及其他应计入间接经费的支出。首席研究员和合作研究员有义务承担经费支出的判断责任，并作为项目成员承担如何使用经费的责任。当使用研究资助金时，首席研究员和合作研究员需要考虑在社会可接受性方面是否适合作为科学研究的直接经费，以及在优先使用直接经费方面

① 董惠江：《日本：法治体系保障科研资助目标实现》，《中国社会科学报》2015 年 3 月 11 日，第 A08 版。
② 董惠江：《日本学术振兴会法律制度研究》，中国社会科学出版社 2015 年版，第 40 页。
③ 《关于资助金等预算执行的公正与合理化法律》第 2 条第 4 款。
④ 董惠江：《日本学术振兴会法律制度研究》，中国社会科学出版社 2015 年版，第 49 页。
⑤ 合作研究员（Co - Investigator）负责与首席研究员一起执行受资助项目的研究员，可以从首席研究员那里获得一部分资金，并可以自行决定使用这些资金。

的合适性，并根据附属研究机构的规定遵守研究项目的支出规则。① 日本学术振兴会鼓励项目获得者高效率并且高成效的使用资助金，包括合并使用来自日本振兴会资助的不同项目的经费以及共享购置的研究设备等。其他经费（不包括使用限制的费用）可以添加到直接经费中，并用于资助的项目。

间接经费是给予研究机构的费用，一般为获得的直接经费的固定比例数额。除直接经费外，日本学术振兴会的项目一般都配备占直接经费30%的间接经费。值得注意的是，日本学术振兴会给予研究机构的间接经费，不是在直接经费中划30%的经费作为间接经费，而是直接经费之外的一笔费用。研究机构可以使用间接经费来改善获得竞争性资金的研究人员的研发环境或改善整个研究机构的职能。间接经费可以用于包括首席研究员或合作研究员在内的项目参与人员的劳务费、设备维护费、设施费用（维护和管理费用等）、设备成本（采购成本与运营成本等）、图书馆费用（设施维护费用、保养费用和管理费用）、学术期刊订阅费、论文投稿费（文章发表费）、复印机和打印机等的耗材费用、研究宣传活动的费用、与竞争性资金有关的管理程序所需的费用、专利申请费、专利代理费以及复审请求费等。②

间接经费安排具有两项值得关注的作用：一是有助于解决国家科研基础设施投入不足的问题。如前所述，间接经费可以用于研究设施的整修、维护和运营。研究设施与设备作为科研基础条件，不一定仅单纯为某一项目服务，且支出并不一定在某一项目开展期间发生，所以如果竞争性研究资金只覆盖本项目各项直接支出的直接经费，则长期而言国家科研基础条件建设必然会变得非常薄弱，而间接经费的使用安排可以在一定程度上弥补这种不足。二是缓解科研机构在人员经费上的压力。在配备间接经费的项目中，间接经费可以用于支付研究人员的薪酬。政府目前倾向于逐步减少对公共科研机构和国立大学的运营

---

①② Research Promotion Bureau, Ministry of Education, Culture, Sports, Science and Technology (MEXT) and Japan Society for the Promotion of Science (JSPS), *Handbook on the Grants – in – Aid for Scientific Research (KAKENHI) Program – How to Make More Effective Use of the Program (For Researchers)*, FY2019 E-dition, June 2019.

费交付金拨款，在这种状况下，科研机构可能面临运营费交付金不能完全负担机构日常运营的情形，故政府需要考虑从竞争性经费中分出一部分来负担部分人员费用。[①]

受资助者在研究进行的过程中，可以修改研究经费的分配。当直接经费分配的变化在总额的 50% 范围以内时，购置物品费、差旅费、劳务费/酬金和其他杂项费这些支出的额度可以自由变更（当直接经费的 50% 不到 300 万日元，则实际支出与计划支出之间的差额最高为 300 万日元），不需要通知日本学术振兴会或向其提出申请。如果变更金额超过直接经费总额的 50%，受资助者需要事先采取必要的程序来更改这些支出的分配（在实际支出与计划支出之间的差额超过 300 万日元时，受资助者必须提前采取程序）。[②]

第二节　日本学术振兴会（JSPS）关于项目负责人、研究人员薪酬规定

一、青年科学家奖学金项目（Research Fellowships for Young Scientists）

青年科学家奖学金项目主要将奖学金授予日本优秀的年轻研究人员，这项奖学金计划旨在为年轻的科研人员提供一个专注于基于自由选择的研究课题机会，实现他们自己的创新想法。最终，该计划致力于培养优秀的研究人员。这个项目由 JSPS 的青年研究员筛选委员会进行，该委员会由在一线工作的日本

---

① 刘娅、王玲：《日本公共科研体系经费机制研究》，《科技进步与对策》2010 年第 4 期。

② Research Promotion Bureau, Ministry of Education, Culture, Sports, Science and Technology (MEXT) and Japan Society for the Promotion of Science (JSPS), *Handbook on the Grants – in – Aid for Scientific Research (KAKENHI) Program – How to Make More Effective Use of the Program* (For Researchers), FY2019 Edition, June 2019.

研究员组成，通过公正和透明的筛选程序筛选。在人文、社会科学和自然科学各个领域的年轻研究人员均有资格申请。奖学金允许他们为了推进他们的研究到另一个研究机构进行（可以包括一个海外机构）一段时间研究。

青年科学家奖学金项目具有以下特点：一是青年科学家奖学金项目是培养年轻研究人员的核心计划。这个奖学金计划是日本培养年轻研究人员的核心计划，2017 财年共有 5636 名研究人员参与。二是青年科学家奖学金项目重视青年研究者的独立性。优秀的年轻研究人员可以关注一个自由选择的研究课题，并在一个自主选择的研究机构从事研究。三是青年科学家奖学金项目提供每月津贴和科学研究资助。JSPS 的青年科学家研究奖学金为博士生和博士后研究人员提供资金鼓励和支持。这些研究人员也可能申请一个 JSPS 研究员的资助。四是青年科学家奖学金项目为由于婴儿出生和护理不得不暂停研究的研究人员提供了一条重返实验室的途径。

该计划提供四类奖学金：博士生（DC）、博士后研究人员（PD）、重新开始博士后研究的人员（RPD）和高级博士后研究人员（SPD）。其中从 PD 中选择特别有天赋的研究人员授予 SPD 奖学金。杰出的年轻研究人员可能会获得一个暂停后重新启动博士后（RPD）研究金，如果他们的研究活动因为分娩和/或婴儿护理而中断。具体有以下几种（见表 12）。

（1）DC 分为两种类型，一是 DC1（在读博士）：申请者可以是区分制博士课程后期第 1 年的在读博士；也可以是一贯制博士课程第 3 年的在读博士；或者是医学、齿科学或兽医学博士课程的第二年在读博士。聘用年限是 3 年，每月给予生活补助 20 万日元（2017 年标准），并且每年提供最高 150 万日元的研究经费。二是 DC2（在读博士）：申请者年龄未满 34 岁（医学、齿科学和兽医学的在读博士年龄不超过 36 岁），其他条件比 DC1 推迟一年。在聘用时已经超过博士标准修业年限的在读者可以申请 PD。DC2 的聘用年限是 2 年，提供的生活补助和研究经费与 DC1 相同。

（2）PD（已获得博士文凭）：申请者年龄未满 34 岁（医学、齿科学和兽医学的在读博士年龄不超过 36 岁），必须具有日本国籍，或者是获得日本永久居住权的外国研究人员，在申请时从事研究的研究机构不是攻读博士时的研究机构或大学。聘用年限为 3 年，生活补助每月 36.2 万日元，并且每年提供最高 150 万日元的研究经费。

（3）RPD（已获得博士文凭）：重新开始博士后研究的人员，指因为生育或抚养孩子而中断研究的获得博士学位者，包括抚养未上小学的孩子和在过去 5 年中生育孩子以及照顾生病或残疾孩子两种情况。没有年龄与性别限制。聘用年限为 3 年，生活补助每月 36.2 万日元，并且每年提供最高 150 万日元的研究经费。

（4）SPD（已获得博士文凭）：聘用的研究者是从申请了 PD 研究员的合格者当中挑选更加杰出的研究者。申请时从事研究的研究机构必须不是攻读博士时的研究机构或大学。聘用年限为 3 年，每月可得到 44.6 万日元生活补助，并且每年提供最高 300 万日元的研究经费。

表 12 青年科学家奖学金项目类型

类型	资格要求	时间	每月助学金（2017 财年，单位日元）	研究资助
博士生（DC）	已注册博士课程	DC1：3 年	200000	最高 150 万日元/年
	DC1：已注册博士第一年课程			
	DC2：已注册博士第二年课程或更高年级的博士课程	DC2：2 年		
	已获得博士学位	3 年	36200	最高 150 万日元/年
	获得博士学位不超过 5 年			
	转到获得博士学位的大学之外的研究机构			

续表

类型	资格要求	时间	每月助学金 （2017 财年， 单位日元）	研究资助
重新开始博士后研究的人员（RPD）	已获得博士学位	3 年	362000	最高 150 万日元/年
	因生育或养育孩子中断研究活动 3 个月或更长时间，正养育一个学龄前儿童或过去五年生育或照顾患病孩子；无年龄和性别限制			
高级博士后研究人员（SPD）	已获得博士学位	3 年	446000	最高 300 万日元/年
	从博士后中删选出的优秀研究人员			
	转到另一大学的研究生院			

二、优秀青年研究人员领导倡议项目（Leading Initiative for Excellent Young Researchers）①

优秀青年研究人员领导倡议项目 2017 财年预算是 15.1 亿日元，这个项目旨在为优秀的年轻研究人员挑战新的科学领域建立稳定的环境，推动他们进行独立研究。它展现了年轻人的新职业道路，研究人员可以在研究机构、工业部门以及日本各地的政府部门工作中取得成功。这个项目由文部科学省在 2016 财年推出。根据文部科学省的规定，JSPS 负责具体的项目筛选与执行工作。

依据这个项目，研究机构提供职位聘请优秀的年轻研究人员，年轻研究人

---

① Leading Initiative for Excellent Young Researchers，https：//www. jsps. go. jp/j - le/index. html，2017 年 11 月 5 日访问。

员申请这个项目。当从申请人中选出"优秀的年轻研究员候选人"之后，他们与研究机构进行雇佣条件谈判。在某个机构获得一个稳定和独立的研究环境时，他们被确定为优秀年轻研究人员，并提供一段时间费用。这些给予优秀的年轻研究人员的职位，要么是终身制，要么是没有时间限制的任命，在公平和透明的人事制度管理下，这一制度原则上必须是年薪制。

（1）对研究机构的要求。这个计划下为年轻研究人员提供优秀职位的机构必须是大学、技术学院、校际研究机构、国家研究机构和发展机构，公共研究和开发机构或在日本成立的公司。他们提供的职位可以是人文学科、社会科学或自然科学任何领域。

（2）对申请人的要求。申请人要获得博士学位或完成了博士课程，年龄在 39 岁或以下（或申请人在医疗领域，包括临床培训，42 岁以下），过去 5 年有研究成果。如果申请人过去因分娩或育儿而中断，将考虑放松年龄限制。

（3）研究经费和建设成本。研究支出和研究环境建设费包括：①研究支出，第一财政年度和第二财政年度资助高达 600 万日元（人文社会科学领域 400 万日元）；②研究环境建设的成本，第一财政年度和第二财政年度最高达 300 万日元（人文社会科学领域 200 万日元），第三年到第五年为 200 万日元。

第三节　日本科学基金项目科研人员薪酬规定的特点与总结

一、日本学术振兴会依法规定科研项目经费的使用，包括对科研人员可支取的薪酬

日本学术振兴会根据其职权及资助管理等事务的实施需要，制定了为数众多的规范性文件。这些规范性文件除对日本学术振兴会的内部人员和事务具有约束力之外，还对接受和申请日本学术振兴会科学研究资助的科学研究人员及科研单位有约束力。

二、日本学术振兴会对于科学研究项目资助的经费主要包括直接经费与间接经费

直接经费可以广泛用于开展科研项目所需的费用，包括购置物品费、差旅费、劳务费/酬金和其他杂项费用。但是，直接经费不得用于建筑物和设施的费用（不包括因使用直接经费购置物品而产生的必要的安装费用），实施资助项目期间发生的事故或灾难的处理成本，首席研究员或合作研究员的劳务费/酬金以及其他应计入间接经费的支出。间接经费是给予研究机构的费用，一般为获得的直接经费的固定比例数额。除直接经费外，日本学术振兴会的项目一般都配备占直接经费 30% 的间接经费。值得注意的是，间接经费不是在直接经费中划 30% 的经费作为间接经费，而是直接经费之外的一笔费用。研究机构可以使用间接经费来改善获得竞争性资金的研究人员的研发环境或改善整个研究机构的职能。间接经费可以用于包括首席研究员或合作研究员在内的项目参与人员的劳务费、设备维护费、设施费用、设备成本、图书馆费用、专利申请费与专利代理费等。

三、日本注重培养青年科研人员，科研经费包括每月的生活补助与研究经费

青年科学家奖学金计划提供四类奖学金：博士生（DC）、博士后研究人员（PD）、重新开始博士后研究的人员（RPD）和高级博士后研究人员（SPD）。其中从 PD 中选择特别有天赋的研究人员获得 SPD 奖学金。另外，为因分娩和/或婴儿护理而中断研究的年轻研究人员提供重新启动博士后（RPD）研究金，比较具有特色。

第七章　国外科学基金项目科研人员薪酬法律制度特点与借鉴

第一节　国外科学基金项目科研人员薪酬法律制度的主要特征

近年来，美国、英国、澳大利亚、欧盟、日本在科技领域发展迅速，这一成就的取得，与其对科研的高度重视和其健全的科研经费管理及监督体系密切相关。其中，科研资助是研究人员从事研究的财政基础，合理的科研经费管理制度能充分调动研究人员的积极性，促进科学研究良性发展。通过前文对美国国家科学基金会（NSF）、澳大利亚研究理事会（ARC）、英国研究理事会、欧盟的"地平线2020"和日本学术振兴会（JSPS）科研经费管理规定的分析与梳理，特别是对这些机构对于科研项目资助中科研人员劳务报酬规定进行了较为深入的研究，现将这些科研资助机构关于科研经费与科研人员薪酬制度规定的主要特征总结如下。

一、"重人"

美国、澳大利亚、英国、日本、欧盟的国家科学基金均非常重视科研人员在科研项目中的劳动付出，并给予充分物质激励。科研人员在从事科学基金项目时，"人"的作用放在第一位，"物"的作用放在第二位。这主要体现在上述科研资助机构将包括项目负责人在内的科研人员进行科研项目的劳务报酬列支为直接成本，并且没有比例限制，可以在满足合理性情况下按实际花费开支。

美国国家科学基金会资助的科研项目中科研人员的薪酬一般列入直接成本。美国国家科学基金会科研项目经费构成包括直接成本、其他直接成本和间接成本三种。依照美国国家科学基金会的《研究计划与资助政策和程序指南》规定，其资助的科研项目可列支的科目直接成本是可明确地归属于某一特定对象或能以较高的准确度直接分配到具体项目、活动上的费用。美国国家科学基金会对其资助的项目允许参与项目工作的科研人员支取薪酬补助，并且这部分费用列入直接成本。附加福利在符合受资助机构的会计实践时可以作为直接成本的一部分。其他直接成本主要包括重组和改建、新闻发布费、差旅费等。从密西根大学科研与资助项目管理办公室网站提供的一个申请科研项目的预算模板中我们可以看到，一个约 10 万美元的科研项目，用于薪资和福利占总经费比例达到 62.3%，设备费仅占 2.8%，差旅费则更低，仅占 1.3%，另外间接成本占 33%。[①]

欧盟规定项目接受财政资助的成本应当是合理成本。欧盟项目合理成本包括以下几种形式：直接人事成本、直接分包合同成本、为第三方提供财政支持的直接成本、其他直接成本、间接成本。直接人事成本主要包括工资（包括育婴期工资）、社会保险费用、税收以及国家法律或者雇佣合同明确的与个人

[①]　胡勇军、赵文华：《中美研究型大学科研经费管理的比较研究——以美国密西根大学和上海交通大学为例》，《现代大学教育》2014 年第 3 期。

酬劳相关的其他费用。项目受款方可根据项目预算调整实际的人事成本。

英国研究理事会加强科研项目管理，引入并全面运用全经济成本方法，确保资金的科学投入与合理使用。全经济成本方法将透明核算的成本计算方法应用到科研项目层面，明确经济成本主要分为4个类别，即直接发生的成本、直接分配的成本、间接成本以及其他成本。直接发生的成本根据项目工作期间实际发生的成本予以确定，必须拥有相应的审计记录。直接发生的成本主要包括研究助理、一般研究人员以及技术人员的工作成本；项目使用的设备的费用；项目工作期间的出差费用与生活津贴；其他实际发生的直接成本。直接分配的成本的计算方法是成本估算，并不要求必须是实际发生的成本，主要包括项目研究员工作成本、房地产成本、其他直接分配的成本。

澳大利亚研究理事会各项目的科研经费中，均包含了博士后研究助理、研究助理、研究生等辅助研究人员和技术人员、实验室服务人员等人员的劳务报酬。对于发现类项目主要研究人员支取人员费用提取，则依据项目类别不同而有所不同。在面向特定人员的资助项目中，对特定项目研究人员的劳务付出进行了充分的考虑，给予其专门的工资性资助。但对其他一些项目主要研究人员，则有不同规定。例如，土著研究人员发现计划中的澳大利亚原住民和托雷斯海峡岛民奖（DAATSIA）获得者可获得单独的、数额较高的工资性资助。此外，澳大利亚研究理事会项目的科研经费中，对各项预算没有规定支出比例。就人员费用情况而言，只是在有的项目计划中，对个别人员劳务报酬的支出额度作了限制。比如，在未来奖学金计划中，规定项目经费最多只能支付一位研究型研究生的津贴，标准是每年26694澳元（2017年标准）。

二、"封顶"

前述外国国家科学基金机构对研究型项目的项目负责人或主要研究人员从科研项目中取得的工资性收入规定了上限额度或限制。对于项目负责人或主要研究人员科研项目提成收入封顶，主要目的在于保证项目负责人或主要研究人员有足够的时间完成科研项目，从而保障科研项目的研究质量。与此同时，这一政策有助于引导高校教师不必热衷于申报很多科研项目，高校教师可以在做科研的同时较好地完成教书育人工作。与此同时，对科研人员同一时期可以承担的科研项目通过工作时间计算予以限制，有助于作为"资源"的科研项目不会过度集中到少数科研人员手中，从而既有利于提高科研经费的使用效率，又有利于科研项目分配趋于公平，铲除科研腐败的根源。

美国国家科学基金会对于高等教育机构中的高级研究人员从项目中可以领取的薪酬规定上限额度。美国国家科学基金会对于科研人员的薪酬规定非常细致，将参与项目研究的人员分为高级研究人员与一般研究人员。美国国家科学基金会认为，高级研究人员包括首席研究员（Principal Investigator，PI）、项目负责人（Project Director，PD）以及项目依托单位认定的首席研究员之外的参与项目研究的研究人员（Faculty Associate）。美国国家科学基金会在对于薪酬补助规定中，还对来自高校的研究人员与其他非高校机构的研究人员进行区分。美国国家科学基金会认定学术研究是高校工作人员的正常工作之一。在所申请的研究项目周期内，研究人员在研究项目上所花费的时间将按照研究人员所在机构的正常工资进行补助，即认为高等教育机构中的高级研究人员在任职期间参加项目研究工作的补助已包括在正常的工资之内。一般而言，美国国家科学基金会对于研究人员在预算中所上报的薪酬补助不超过其两个月内的正常工资。这一政策适用于美国国家科学基金会的所有拨款。对于薪酬补助的申请的提议必须遵照《美国联邦法规》第二部第二百章 E 部分中的相关规定。如果研究人员对于工薪补偿的预期超过两个月，则必须在预算中明确提出，在对于预算的解释中证明其合理性，且必须被美国国家科学基金会在中标通知中的预算部分所许可。

欧盟项目的研究人员获得薪酬需要计算工作小时数。欧盟规定项目资助合同应当写明时间记录系统的最低要求，以及对计算方法的选择，包括每年固定的工作小时数与计算每年工作小时数的方法。欧盟项目的受资助机构对于全职工作人员一年工作小时数的规定为 1720 小时。项目参与人员的工作小时数主要通过工时表予以统计。如果没有工时表,受资助方需要通过其他合理方式证实员工工作时间的真实性,审计员需要明确此证明方式与工时表的证明力度相当。

英国研究理事会规定,直接发生的成本的计算基础是具体的工作时间表,主要适用于研究助理与一般研究人员;直接分配的成本的计算基础则是估算的工作时间,主要适用于研究员。研究理事会指出,对于个人的成本补偿可以保有一定灵活性,因为准确预估与评定研究员的工作时间存在一定难度,理事会保证给予研究人员的成本补偿与其从事项目工作的总体时间相平衡。研究员可以花费更多的时间从事研究理事会资助的项目,但是不得超过最长工作时间收入的补偿,即研究理事会对于研究人员的资助不能超过他们的全部工资水平,也就是相当于一年 1650 小时的总收入。同时规定,如果研究员工资的全部或者部分来自公共财政资助的其他项目,那么为了避免双重资助,项目申请应当不能寻求重复资助。外部资助主要包括由研究理事会、政府部门或者公共财政资助的学会提供的研究资助、中心资助、奖学金等。如果研究员的薪酬来自公共财政资助的其他项目,那么项目提案应当写明研究人员从事项目工作的时间,并将他们的名字列入项目研究人员名单,但是不对研究人员的时间成本予以补偿。

英国对研究人员进行了简单区分,并适用不同的经费管理方式。研究人员主要包括学术性人员与研究类工作人员。学术性人员主要指研究员(首席研究员与合作的其他研究员);研究类工作人员主要指研究助理与一般研究人员。研究类工作人员工资一般作为直接发生的人事成本,以实际工资与实际花费的时间作为基础进行计算,并分为两种情况,一种是全部工资成本用于一个项目;另一种是工资成本用于几个项目,计算基础是从事项目工作的时间表。学术性人员薪酬一般作为直接分配的成本,主要通过估算工作时间予以计算,不需要具体的工作时间表。项目研究员人事成本的计算方式一般是:研究员人事成本＝从事项目工作的总小时数×薪酬率。由于研究员从事伏案研究，较难制定工时表，而且研究员一般不愿填写工时表，所以他们的工作时间一般基于推测而定，并非直接依据工作时间表确定。但是，如果他们用于项目的工作时间有审计记录，相关计算符合实际发生成本的原则与规定，那么研究员的人事费用也可作为直接发生的成本。研究员的时间应当包括管理项目、从事项目工作与监督项目人员的所有时间，不应当包括被认定为支持类工作的时间，也不包括培训、监督研究生的时间。研究员可以采用各种方式预估时间，例如，按月预估时间，或者预估一年花费的平均时间，或者将研究助理每星期的小时数作为指标进行预估，并加上最后写作的时间。预估学术人员从事项目工作的时间的合适方式是预估项目工作需要的总小时数。总小时数除以资助年数可以计算出每年工作的小时数。英国研究理事会明确，对研究员每年进行资助的最长时间是一年 1650 小时，即对研究人员的资助不能超过他们的全部工资水平，也就是相当于一年 1650 小时的总收入。

如果研究员工资的全部或者部分来自公共财政资助的其他项目，那么项目提案应当写明研究人员从事项目工作的时间，并将他们的名字列入项目研究人员名单，但是不对研究人员的时间成本予以补偿。在接受研究员专项资助期间，研究理事会专项资助的研究员（或者由其他单位全部资助的人员）不能要求获得他们作为项目负责人/共同研究员从事项目工作的薪酬，不能要求获得研究项目的房地产成本或者间接成本的支付。此外，如果研究员申请的欧盟项目获得批准，那么英国研究理事会提供的研究资助一般降至 50%，从而保证研究人员有足够时间从事欧盟项目工作。

研究助理与一般研究人员的成本一般视作直接发生的成本，需要项目工作时间表。如果研究项目的资助者认为研究助理或者一般研究人员是一个项目的专职工作人员，他们将所有时间用于项目工作，而且他们所有的实际工资成本源于一个研究项目，那么研究助理与一般研究人员可以不提交工作时间表。研究助理、一般研究人员可能跟随首席研究员从事几个项目的工作，承担一系列其他方面的任务（如教学与支持类工作）。因此，除非研究助理与一般研究人员完成项目的工作时间表，或者满足不提交工时表的条件，否则他们产生的成本会被作为直接分配的成本，而不是直接发生的成本。

澳大利亚研究理事会规定，在包括主要研究人员（Chief Investigator，CI）和合作研究人员（Partner Investigator，PI）的土著研究人员发现计划和发现类一般计划项目中，对于 CI 和 PI 的薪酬规定有所限定，例如发现类一般计划中的 CI 没有工资性资助，可以申请代课津贴。土著研究人员发现计划和发现类一般计划中的 PI 没有工资性资助，也不能申请代课津贴，只能在不超出申请书列支范围的前提下，支取为项目研究需要而支出的直接费用。在奖学金项目中，获奖者在项目中获得数额较高的工资性资助后，不能再从非工资性的项目经费中获得薪酬。

三、补偿

前述国家科学基金均会计算项目的间接成本，以补偿依托单位因承担科研活动所发生的成本，但各国情况不同，具体规定也不尽一致。其中，美国国家科学基金会资助的科研项目的间接成本较高。间接成本主要指公用建筑和设备的折旧以及各类行政管理费用的支出等，包括公共实验室仪器设备和图书资料的购置和维护成本，管理人员的工资及财务、人事等。间接成本率的确定是美国科研经费管理的重点之一。美国联邦政府在拨付经费的时候，同时下拨直接成本和间接成本，在科研项目拨款通知单分别注明直接成本与间接成本的金额。受资助机构以预收的方式接受项目经费，然后根据其实际支出的直接成本，按照协商后的间接成本率确定最终的间接成本金额。受资助机构获得的科研间接成本补偿收入，用于补偿其提供设施及管理服务的成本。美国国家科学基金会规定，除 NSF 计划招标中指出的情况外，受资助机构有权从拨款中获得间接费用（F&A）的补偿，其资助的间接成本率一般以依托单位以前与联邦协商的间接成本率为基础确定。当依托单位以前没有设定比率时，NSF 会考虑预算申请的比率以及经费总额和其他相关的财务因素。研究显示，近十余年来，美国高校平均科研间接成本率基本稳定在50%左右，其中设施占用和综合管理成本大约各占一半。①

英国研究理事会根据研究人员从事项目工作的努力程度分配间接成本，因此，研究项目努力程度的变化情况直接影响最后授予的资助水平。研究机构一般在资助授予前花费十天时间重新计算成本数目。英国研究理事会对房地产成本与间接成本进行质量保证审查，并使用一定计算方法保证结果的相对准确性。机构的科研间接成本率等于机构科研的总间接成本除以科研的全时当量。间接成本率以历史为基础，计算方法和数据需要保持稳健性。

澳大利亚研究理事会资助的科研项目中提供的工资性资助中，均包含了30%的间接费用，研究生津贴中不包含间接费用。间接费用的支出范围一般包括工资税、劳工补偿金、休假补偿金、养老金等，不包括科研人员的绩效工资。

欧盟规定，间接成本的数目应当按照合理直接成本的固定比例予以计算，一般相当于直接成本的25%。如果项目受资助机构已经接受了欧盟提供的单位运行资助，那么项目受资助机构就不能申请在接受单位运行资助期间的欧盟项目间接成本补偿。

日本学术振兴会的项目一般都配备占直接经费30%的间接经费。

四、依法管理

前述外国国家科学基金关于科研经费管理均遵循明确且细化的法律法规管理。其中最为突出的是美国。美国国家科学基金会关于科研人员薪酬的规定依照明确的法律法规执行。从前述介绍可知，美国国家科学基金会的设立与管理主要依照包括《美国国家科学基金会法案》等在内的法律法规运行。美国国

---

① 湛毅青、刘奇伟、向蓉等：《中美高校科研间接成本管理现状比较研究》，《科研管理》2008年第3期。

家科学基金会依据联邦政府及《美国国家科学基金会法案》的授权，制定了包括《研究计划与资助政策和程序指南》在内的一系列规范性文件。为了保证联邦科研经费的正确、合理、有效使用，美国白宫行政管理与预算办公室（OMB）发布了一系列与科研经费相关的规定。NSF 作为联邦机构，其科研项目经费的管理遵循这些规定。美国国家科学基金会《研究计划与资助政策和程序指南》也相应地规定了其不同类型的依托单位适用不同的联邦成本准则与要求。对被资助机构而言，其适用的成本准则由其单位性质而不是资助机构来确定。关于这些费用的具体规定可参照《联邦法规全编》第二篇"资助与协议"中的第二百章"联邦资助的统一管理要求、成本原则与审计要求"中规定，也即前面提到的美国白宫管理与预算办公室（OMB）发布的一系列与科研经费相关的规定。

澳大利亚研究理事会管理包括科研经费在内的项目事务，直接的依据是《2001 年澳大利亚研究理事会法案》（*Australian Research Council Act* 2001）和各类项目资助办法。《2001 年澳大利亚研究理事会法案》由澳大利亚议会通过，是澳大利亚研究理事会开展项目管理工作的基本法律。

五、注重青年科研人员培养

为确保国家科技竞争力的可持续发展，前述国家科学基金的资助项目均注重培养青年科研人员。英国研究理事会为了维持英国生物经济 1000 亿英镑的水平，研究理事会需要确保各个层次不同阶段的研究人力资源。研究理事会给大学生继续深造提供资助，例如各类博士生奖学金，从而为英国不断输出生物科学领域的精英人才。与其他机构合作，研究理事会每年在大学、研究机构资助大约 2000 个博士生（4300.5 万英镑）。英国研究理事会资助博士后进行研究，帮助他们提高研究成果水平与提升职业生涯能力。为了最大化挖掘与发挥研究学者的潜力，研究理事会提供博士后发展指南、专家建议组、社区网络以及技能与职业发展的机会。其中，指导项目是研究机构资助工作人员职业发展的关键项目，培训人员主要包括博士后与课题负责人。

美国国家科学基金会注重资助与培养青年研究人员，设立研究生研究奖学金计划与博士后研究奖学金等旗舰计划。这些计划有助于确保美国的科学和工程人员的活力和多样性，培养"可持续"的创新人才。研究生研究奖学金与博士后研究奖学金获奖者可以得到按月发放的生活补助，目前是每月 4500 美元。此外，还可以获得每年 15000 美元的研究培训津贴。获奖者对于津贴的花费享有自由裁量权，除了外国旅行需要事先获得 NSF 批准。

欧盟的居里夫人行动计划面向各个阶段的研究工作者，包括博士生以及高级学者。行动计划包括几个项目：第一个是研究网络项目，第二个是个人奖学金项目。

澳大利亚研究理事会设立的早期生涯研究人员发现奖是发现类项目中面向早期生涯研究人员（earlycareer researchers）的一个资助计划。该项目向研究者提供更明确的支持，并为早期生涯的研究者提供更多的教学和研究机会以及更多的纯研究型职位。其目标在于：支持早期生涯研究者从事的卓越的基础研究和应用研究；推动有科研前途的早期生涯研究者发展，使其有更多的机会发展多元的职业路径；使研究和研究培训在高质量和有支持性的环境中进行。早期生涯研究人员发现奖计划要求申请人应具有博士学位，且取得博士学位一般不应超过 5 年。

日本学术振兴会（JSPS）的青年科学家奖学金项目主要将奖学金授予日本优秀的年轻研究人员，这项奖学金计划旨在为年轻的科研人员提供一个专注于基于自由选择的研究课题机会，实现他们自己的创新想法。该计划提供四类奖学金，分别为博士生（DC）、博士后研究人员（PD）、重新开始博士后研究的人员（RPD）和高级博士后研究人员（SPD）提供研究资助。

综上可知，外国科学基金项目科研人员薪酬法律制度具有以下特征：一是重视科研人员在科研项目中的劳动付出，并给予充分物质激励。二是对研究型项目的项目负责人或主要研究人员按工作时间计量，对同一时期可以从科研项目中取得的收入规定上限额度。三是计算项目的间接成本，以补偿依托单位因承担科研活动所发生的成本。四是科研经费管理均遵循明确且细化的法律法规。五是注重培养青年科研人员。通过前述制度安排，科研经费管理更趋向于符合科研活动规律，有利于调动科研人员的积极性，提高科研经费使用效益，保障科研项目的研究质量，促进科研项目公平分配，铲除科研腐败的根源。

第二节　我国国家科学基金项目科研人员薪酬规定存在的问题

我国国家自然科学基金（National Natural Science Foundation of China，NSFC）于1986年由中央财政拨款设立，用于资助基础研究。国家自然科学基金作为资助范围最为广泛的基础研究专项资助计划，其科研管理一直走在国家科技计划前列。我国已出台多项关于科研项目经费管理的法律法规，国家自然科学基金的科研经费管理规定需要依据这些法律法规制定，其中与国家自然科学基金相关的法律法规主要包括《国家自然科学基金条例》、《国务院办公厅转发财政部、科技部关于改进和加强中央财政科技经费管理若干意见的通知》（国办发〔2006〕5号文）、《财政部　科技部关于调整国家科技计划和公益性行业科研专项经费管理办法若干规定的通知》（财教〔2011〕434号文）、2015年《国家自然科学基金资助项目资金管理办法》、《国务院关于改进加强中央财政科研项目和资金管理的若干意见》（国发〔2014〕11号）、《国务院印发关于深化中央财政科技计划（专项、基金等）管理改革方案的通知》（国发〔2014〕64号）等国家财政财务有关法律法规。

近年来，我国国家科学基金项目科研人员薪酬相关规定不断完善与健全。2016年"两会"期间，全国人大代表孙宪忠研究员在其《关于建立"科研友好型经费使用管理制度"的建议（第二次征求意见稿）》中指出当时科研经费使用制度存在很多不合理之处，其中显著的问题之一是不论科研项目的性质，也不论经费来源是纵向课题还是横向课题，科研人员均不得从科研经费中取得劳动报酬。这一点对于项目主持人、主要承担人尤其不利，因为他们要在科研中承担主要的劳动，而且这一劳动十分辛苦，但是项目经费却不能给予其一分一文的报偿。[①] 这之后，中共中央办公厅与国务院发布《关于进一步完善中央财政科研项目资金管理等政策的若干意见》（中办发〔2016〕50号）。其中明确规定："……（二）提高间接费用比重，加大绩效激励力度。中央财政科技计划（专项、基金等）中实行公开竞争方式的研发类项目，均要设立间接费用，核定比例可以提高到不超过直接费用扣除设备购置费的一定比例：500万元以下的部分为20%，500万元至1000万元的部分为15%，1000万元以上的部分为13%。加大对科研人员的激励力度，取消绩效支出比例限制。项目承担单位在统筹安排间接费用时，要处理好合理分摊间接成本和对科研人员激励的关系，绩效支出安排与科研人员在项目工作中的实际贡献挂钩。（三）明确劳务费开支范围，不设比例限制。参与项目研究的研究生、博士后、访问学者以及项目聘用的研究人员、科研辅助人员等，均可开支劳务费。项目聘用人员的劳务费开支标准，参照当地科学研究和技术服务业从业人员平均工资水平，根据其在项目研究中承担的工作任务确定；其社会保险补助纳入劳务费科目列支。劳务费预算不设比例限制，由项目承担单位和科研人员据实编制。"依照此文件，财政部与国家自然科学基金委发布的《财政部、国家自然科学基金委员会关于国家自然科学基金资助项目资金管理有关问题的补充通知》（财科教〔2016〕19号）中规定，参与项目研究的研究生、博士后、访问学者以及项目聘用的研究人员、科研辅助人员等，均可开支劳务费。项目聘用人员的劳务费开支标准，参照当地科学研究和技术服务业从业人员平均工资水平，根据

---

① 孙宪忠：《关于建立"科研友好型经费使用管理制度"的建议（第二次征求意见稿）》，http：//www. iolaw. org. cn/showArticle. aspx？id＝4681。

其在项目研究中承担的工作任务确定,其社会保险补助纳入劳务费科目列支。依照这一新规定,可以支取劳务费的人员增加了"访问学者以及项目聘用的研究人员",扩大了可以领取劳务费人员的范围。同时,该通知规定,间接费用核定比例上限调整为:500 万元以下的部分为20%,500 万元至1000 万元的部分为15%,1000 万元以上的部分为13%。加大对科研人员的激励力度,取消绩效支出比例限制。依托单位在统筹安排间接费用时,要处理好合理分摊间接成本和对科研人员激励的关系,绩效支出安排与科研人员在项目工作中的实际贡献挂钩。

尽管当前我国科研经费管理中关于科研人员薪酬的规定进一步完善,但仍存在一些问题,这些问题涉及我国整体科研经费管理制度,在国家自然科学基金的相关规定上得到一定体现。

(一)项目主要参加人员劳务费不在直接成本中列出

依照《国家自然科学基金资助项目资金管理办法》,项目资金分为直接费用和间接费用。直接费用是指在项目研究过程中发生的与之直接相关的费用,具体包括:设备费、材料费、测试化验加工费、燃料动力费、差旅费、会议费、国际合作与交流费、出版/文献/信息传播/知识产权事务费、劳务费、专家咨询费以及其他支出。其中,劳务费是指在项目研究过程中支付给项目组成员中没有工资性收入的在校研究生、博士后和临时聘用人员的劳务费用,以及临时聘用人员的社会保险补助费用。

但需要注意的是,这里涉及一个问题,即课题组中有工资性收入人员可以开支劳务费吗?或者,有工资收入人员被项目聘用为研究人员是否可以从直接费用中支取劳务费?答案是否定的。依照规定,劳务费预算可以编列在课题研究开发过程中支付给课题组成员中没有工资性收入的相关人员(如在校研究生、博士后、访问学者以及项目聘用的研究人员、科研辅助人员等),课题组中有工资性收入的人员不能开支劳务费。但是,这并不表明有工资性收入的人员不能从项目中开支劳务费,依照《国家自然科学基金资助项目资金管理办法》规定，项目资助包括间接费用。间接费用是指依托单位在组织实施项目过程中发生的无法在直接费用中列支的相关费用，主要用于补偿依托单位为了项目研究提供的现有仪器设备及房屋，水、电、气、暖消耗，有关管理费用，以及绩效支出等。绩效支出是指依托单位为了提高科研工作的绩效安排的相关支出。与此同时，依照《国家自然科学基金资助项目资金管理办法》第十一条的规定，"结合不同学科特点，间接费用一般按照不超过项目直接费用扣除设备购置费后的一定比例核定，并实行总额控制，具体比例如下：（一）500万元及以下部分为20%；（二）超过500万元至1000万元的部分为13%；（三）超过1000万元的部分为10%。绩效支出不超过直接费用扣除设备购置费后的5%。间接费用核定应当与依托单位信用等级挂钩，具体管理规定另行制定"。第十二条进一步规定，"间接费用由依托单位统一管理使用。依托单位应当制定间接费用的管理办法，合规合理使用间接费用，结合一线科研人员的实绩，公开、公正安排绩效支出，体现科研人员价值，充分发挥绩效支出的激励作用"。按照此条规定，在不超过上限的情况下，当前我国将间接费用比例的确定权力下放给了项目依托单位，而项目聘用的有工资收入的研究人员可以从依托单位确定的课题的间接费用的绩效支出中支取劳务费。

实践中，由于各依托单位财政情况不同，依托单位对于间接费用的定义以及间接费用中的绩效支出比例规定也不同。以高校为例，我国分布在东部、中部与西部地区的高校对于国家自然科学基金项目间接费用中绩效支出规定差异非常大。例如，《海南大学科研项目间接经费管理办法》（自然科学、社会科学）规定，间接费用中绩效支出比例为60%。《华侨大学科研经费管理办法》规定，项目主管部门对于间接费用有明确具体规定的，按其规定预算间接费用。项目主管部门无明确规定的，间接费用使用分段超额累退比例法计算并实行总额控制。自然科学类项目按照不超过项目经费中直接费用扣除设备购置费后的一定比例核定。具体比例如下：自然科学类：500万元及以下部分为20%；超过500万元至1000万元的部分为15%；超过1000万元的部分为

13%。绩效支出为间接费用提取学校管理费后的费用。对于管理费的提取比例，项目主管部门有具体规定比例或批复明确的，管理费按其规定或批复提取。项目主管部门没有具体规定或批复的，按以下标准提取管理费。根据预算批复应转拨给其他单位的合作经费，可不提取管理费。（一）纵向自然科学类项目，学校管理费按分段超额累退比例法核定提取，具体比例如下：科研项目总经费预算在 500 万元（人民币，下同）以下部分按照 5% 的比例核定；超过500 万元至 1000 万元部分按照不高于 2% 的比例核定；超过 1000 万元及以上部分按照不高于 1% 的比例核定。[①]《重庆大学科研项目间接费用管理办法》规定，间接费用分为"管理费"和"科研绩效与发展"费用。管理费是指用于补偿学校科研管理成本的相关支出，在间接费用中优先列支。国家重点研发计划、国家科技重大专项、国家自然科学基金等按间接费用的 25% 提取管理费。间接费用扣除管理费后为科研绩效与发展费用。科研绩效与发展费用是指用于为科研项目研究提供现有仪器设备及房屋、水、电、气、暖消耗，项目组织、实施、检查等相关费用的补助支出，以及对项目执行做出实际贡献人员的绩效支出等。项目任务书对绩效支出有明确规定的，按约定比例执行；若无规定的，不设比例限制。[②] 由上述不同高校科研经费管理规定可知，各地高校对于间接经费的定义理解不同，绩效支出的提取比例差异也非常大。因此，目前不在直接成本中列支项目负责人以及其他研究人员中有工资性收入的人员的劳务费，在实践中导致项目负责人以及其他研究人员中有工资性收入的人员，虽然获得国家自然科学基金相同资助额度的项目，但是"同工并不同酬"。总体而言，如果依托单位在东部经济较为发达地区，其可以从申请到的国家自然科学基金项目中领取到更多的劳务费。

（二）科研人员从科研项目支取劳务费没有上限规定

我国对于科研人员申请科研项目领取劳务费，仅是由项目资助机构针对具

---

① 《华侨大学科研经费管理办法》，https：//sj. hqu. edu. cn/info/1103/1178. htm。

② 《重庆大学科研项目间接费用管理办法》，http：//civil. cqu. edu. cn/info/1272/9734. htm。

体项目设限，但并未对科研人员一年可承担的科研项目做出整体规定。在
2015年至2016年上半年，科研经费管理一度趋严的重要原因是实践中出现同
一科研人员同时承担多项科研项目的情况，科研项目成为一些科研机构与高校
中少数人垄断的"资源"，这既影响科研项目质量，也影响良好科研学术氛
围，更不利于国家科技创新能力的可持续发展。近年出台的一系列文件，如
2016年底出台的财科教〔2016〕19号文并未解决这一问题。

（三）间接费用比例较低，不能完全补偿依托单位科研项目管理成本

2016年的财科教〔2016〕19号文的规定，虽然进一步调高了间接费用
核定比例上限，规定500万元以下的部分为20%，500万元至1000万元的部
分为15%，1000万元以上的部分为13%。但是，与国外科学基金资助科研项
目间接经费比例相比，仍然较低。由于间接费用比例过低，学校提取的科研管
理经费远远不能补偿学校因科研项目所产生的水、电、房屋的支出和人工管理
成本，导致学校陷入承担纵向科研项目越多财务负担越重的怪圈。① 此外，我
国高校科研由于归口不同部门管理，其间接费比例的设定没有统一的标准，高
校需要对不同部门的科研经费采取不同的换算比例，也无形中增加了管理
成本。

（四）科研项目经费的开支没有根据依托单位性质不同而有所区别

目前我国自然科学基金主要是面向基础研究领域，项目的实施对象有企
业、高校、非营利组织等，但国家自然科学基金对于配套资金的规定并没有针
对承担单位性质的不同而有所区别。

（五）科研项目经费有些内容界定不清晰

在科研经费管理中，存在"其他支出""等"等语言，这些不明确的规
定，为不合理费用的开支提供了借口。

---

① 胡勇军、赵文华：《中美研究型大学科研经费管理的比较研究——以美国密西根大学和上海交
通大学为例》，《现代大学教育》2014年第3期。

第三节　政策建议

为深入实施创新驱动发展战略，建立完善以信任为前提的科研管理机制，更好地激发广大科研人员积极性，针对我国国家科学基金项目科研经费管理中存在的问题，结合前述外国科学基金项目科研人员薪酬规定提供的一些有益经验，拟对我国国家科学基金项目科研经费管理提出以下完善建议。考虑到当前我国国家科学基金项目科研经费管理中存在的一些问题并非国家自然科学基金委等国家科学基金管理单位自身所能解决，还有赖于我国相关的政府主管部门进行顶层设计、深化改革与完善科研经费管理制度，因此下面分别从国家层面和国家自然科学基金两个层面提出完善建议。

一、国家顶层设计

（一）尊重劳动，将参加科研项目有工资收入的项目负责人、主要参加人员的劳务报酬纳入直接成本

科技创新的最终落实依靠科研人员实现，因此充分调动科研人员积极性和创造性应是科研经费管理的重要落脚点。现行经费使用管理制度中，不允许有工资性收入的项目主持人、主要承担人从科研经费直接费用中取得任何劳动报酬的主要原因在于我国财政部等部门认为我国科研人员基本上都是国家工作人员，他们已经获得了工资，因此不应该再从科研经费中获得报酬。[1] 对此，孙宪忠认为，纵向课题的承担，虽然有一些和科研人员的工资是挂钩的，但是也

---

[1]　孙宪忠：《关于建立"科研友好型经费使用管理制度"的建议（第二次征求意见稿）》，http://www.iolaw.org.cn/showArticle.aspx? id=4681。

有一部分不是科研人员的本职工作，和科研人员的工资并无关联。[①] 因此，允许有工资性收入的科研项目负责人、主要承担人员从项目科研经费直接费用中取得劳动报酬是具有合理性的。目前通过间接费用绩效支出部分支取有工资性收入的项目负责人与主要科研人员劳务报酬的方式，其实就是对这一合理性的肯认。但是，从前述的论证中，可知允许项目负责人与主要科研人员通过间接费用绩效支出部分支取劳务报酬的方式，并不能真正实现激发创新创造活力的目标，也不能充分发挥科研经费在科研管理中的重要作用，并在实践中形成新的"同工不同酬"的不公平现象。

（二）统一管理，对于科研人员一定时期承担科研项目进行上限规定

为了进一步完善科研经费管理，真正推动创新国家的建立，塑造与构建良好的科学研究氛围，应对科研人员每年承担科研项目数量进行上限规定，这样既可以保证科研人员有充足的时间完成已承担的科研项目，又可以避免一些研究人员将大量精力花费在"跑项目"上，同时也有助于改善科研项目成为"资源"垄断在少数人手中的现象，形成良好公平的科研氛围。

（三）坚持以人为本，增加"奖人"的项目

目前我国的科学基金资助以奖励研究项目为主，为更好地培养创新人才，实现可持续性发展，我国应考虑参照国外科学基金，将项目资助以发放生活补助与研究津贴形式奖励给没有工资性收入的研究生与博士后等研究人员。

（四）逐步探索，制定合理的间接费用比例

前述研究显示，当前科学基金对依托单位的间接费用比例过低，应考虑从依托单位科研活动的性质出发，逐步探索出间接费用开支的规律，合理补偿依托单位因承担科研项目而产生的财政负担，调动依托单位尽责管理的积极性。

---

① 孙宪忠：《关于建立"科研友好型经费使用管理制度"的建议（第二次征求意见稿）》，http://www. iolaw. org. cn/showArticle. aspx？id＝4681。

二、国家自然科学基金委

（一）依法管理，制定细化明确的科研项目经费可支出科目

通过详细调研依托单位科研人员在科研活动中可能发生的科研活动成本科目，对各项目支出做出明确规定，以避免在管理规则中对科研活动成本科目界定出现"等"与"其他支出"术语，从而杜绝不合理支出。此种科目列支情况，使科研经费管理有明确依据，从根源上优化与简化科研经费管理，提高管理效率，使科研人员全身心地投入科研工作。

（二）科学规范，结合依托单位类型制定科研项目经费管理规定

我国科学基金项目的依托单位包括高校、科研院所和企业等，在制定科研项目经费管理规定时，可借鉴国外科学基金的经验，结合依托单位类型或项目特点制定相应的经费管理措施和实施细则，构建科研项目经费管理规范体系。

（三）增设资助青年研究人员的研究项目

增设主要针对博士生、博士后研究人员的研究项目（有些学科领域可以酌情考虑扩展至硕士研究生），并且此类项目的经费主要通过发放每月生活补助与少量科研经费形式资助给项目获得者。

值得注意的是，2018 年 7 月 24 日，国务院发布《国务院关于优化科研管理提升科研绩效若干措施的通知》（国发〔2018〕25 号）。通知第五项规定，"赋予科研单位科研项目经费管理使用自主权。直接费用中除设备费外，其他科目费用调剂权全部下放给项目承担单位。"在第九项中规定，"加大对承担国家关键领域核心技术攻关任务科研人员的薪酬激励。对全时全职承担任务的团队负责人（领衔科学家/首席科学家、技术总师、型号总师、总指挥、总负责人等）以及引进的高端人才，实行一项一策、清单式管理和年薪制。项目承担单位应在项目立项时与项目管理专业机构协商确定人员名单和年薪标准，并报科技部、人力资源社会保障部、财政部备案。年薪所需经费在项目经费中单独核定，在本单位绩效工资总量中单列，相应增加单位当年绩效工资总量。

项目范围、年薪制具体操作办法由科技部、财政部、人力资源社会保障部细化制定。单位从国家关键领域核心技术攻关任务项目间接费用中提取的绩效支出，应向承担任务的中青年科研骨干倾斜。完善以科技成果为纽带的产学研深度融合机制，建立科研机构和企业等各方参与的创新联盟，落实相关政策，支持高校、科研院所科研人员到国有企业或民营企业兼职开展研发和成果转化，加大高校、科研院所和国有企业科研人员科技成果转化股权激励力度，科研人员获得的职务科技成果转化现金奖励计入当年本单位绩效工资总量，但不受总量限制，不纳入总量基数。"在第十八项规定，"开展扩大科研经费使用自主权试点。允许试点单位从基本科研业务费、中科院战略性先导科技专项经费等稳定支持科研经费中提取不超过20%作为奖励经费，由单位探索完善科研项目资金的激励引导机制。奖励经费的使用范围和标准由试点单位在绩效工资总量内自主决定，在单位内部公示。对试验设备依赖程度低和实验材料耗费少的基础研究、软件开发、集成电路设计等智力密集型项目，提高间接经费比例，500万元以下的部分为不超过30%，500万～1000万元的部分为不超过25%，1000万元以上的部分为不超过20%。对数学等纯理论基础研究项目，可进一步根据实际情况适当调整间接经费比例。间接经费的使用应向创新绩效突出的团队和个人倾斜。"通过上述新的政策的出台与落实，我国科研经费管理制度改革已经步入新的发展阶段，希望未来科研人员在国家自然科学基金科研项目中只要付出劳动就能收获合理合法的报酬，并且不因专业研究领域不同以及所在工作单位财政状况不同而有所不同。

参考文献

［1］程如烟：《浅析美国联邦政府科研经费管理》，《世界科技研究与发展》2011 年第 4 期。

［2］孙孟新：《美国科技领域法律政策概览》，《科技与法律》2004 年第 4 期。

［3］李安、柯紫燕、潘黎萍：《美国国家科学基金法律制度研究》，中国社会科学出版社 2014 年版。

［4］王雷、赵亚楠：《美国科研经费间接成本制度及其启示》，《会计之友》2014 年第 17 期。

［5］黄劲松、陈智、赖院根：《中美财政科研经费管理规定的对比研究》，《全球科技经济瞭望》2016 年第 1 期，第 38 – 45 页。

［6］湛毅青、刘奇伟、向蓉等：《中美高校科研间接成本管理现状比较研究》，《科研管理》2008 年第 3 期。

［7］湛毅青、欧阳花、刘爱东：《美国大学政府科研项目间接成本资助政策研究》，《研究与发展管理》2009 年第 6 期。

［8］胡勇军、赵文华：《中美研究型大学科研经费管理的比较研究——以美国密西根大学和上海交通大学为例》，《现代大学教育》2014 年第 3 期。

［9］沈煜、佟仁城：《美国国家科学基金会审计监督制度对我国的启示》，

《科研管理》2009 年第 4 期。

[10] 国丽娜：《基于法人责任的科研经费管理——以美国国家科学基金会为例》，《全球科技经济瞭望》2014 年第 7 期。

[11] 李梦茹、董洁、车澈、戾铁梅：《美国科研人员的薪酬制度研究及启示》，《全球科技经济瞭望》2015 年第 5 期。

[12] 龚旭：《澳大利亚科技政策研究与战略制定的范例分析》，《研究与发展管理》2004 年第 2 期。

[13] 唐伟华、黄玉：《澳大利亚国家科学基金法律制度研究——以 ARC 为对象的探讨》，中国社会科学出版社 2014 年版。

[14] 王涛、夏秀芹、洪真裁：《澳大利亚科研管理和监督的体系、特点及启示》，《国家教育行政学院学报》2014 年第 11 期。

[15] 夏秀芹：《澳大利亚科研经费管理和促进研究产业化对我国高校的启示——以澳大利亚国立大学为例》，《高教论坛》2012 年第 3 期。

[16] 唐伟华、王国骞：《澳大利亚研究理事会的科研不端行为处理制度——以〈澳大利亚负责任研究行为准则〉为核心的探讨》，《山东科技大学学报》（社会科学版）2011 年第 4 期。

[17] 唐伟华、王国骞、韩宇：《澳大利亚科学基金高度重视研究伦理审查制度——基于对 NHMRC 和 ARC 科学伦理制度的考察》，《中国基础科学》2011 年第 4 期。

[18] 胡蕊：《澳大利亚：科研经费管理经》，《中国会计报》2015 年 8 月28 日，第 011 版。

[19] 王悠然：《澳大利亚科研资助体系存三大缺陷》，《中国社会科学报》2014 年 7 月 30 日，第 A03 版。

[20] 谭启平：《〈欧盟研究、技术开发及示范活动第七框架计划〉及其参考借鉴价值》，《科技与法律》2014 年第 4 期。

[21] 刘歌：《欧盟批准"地平线 2020"科研规划》，《人民日报》2013

年 12 月 12 日。

[22] 干瑾：《关于欧盟第七框架计划中科研经费管理制度的研究》，华东理工大学硕士学位论文，2013 年。

[23] 刘芳、张晨、朱卫东、李晓轩：《中英高校科研经费成本管理比较研究》，《科技管理研究》2016 年第 3 期。

[24] 雷雯、宋宜蔚、张云雾：《英国政府科研经费管理对我军科研经费审计工作的启示》，《当代经济》2015 年第 8 期。

[25] 李晓轩、阿儒涵、肖小溪：《英国科研项目全经济成本核算改革及其启示》，《政策与管理研究》2010 年第 25 卷第 2 期。

[26] 董惠江：《日本：法治体系保障科研资助目标实现》，《中国社会科学报》2015 年 3 月 11 日，第 A08 版。

[27] 董惠江：《日本学术振兴会法律制度研究》，中国社会科学出版社 2015 年版，第 40 页。

[28] 刘娅、王玲：《日本公共科研体系经费机制研究》，《科技进步与对策》2010 年第 4 期。

[29] 姚王信：《美国国家科学基金会的科研经费审计及对中国的启示》，《教育财会研究》2012 年第 4 期。

[30] 戴国庆：《美国联邦政府科研经费监督管理及其启示》，《科研管理》2006 年第 1 期。

[31] 刘永辉：《透视美国绩效预算实务操作——美国国家科学基金会预算和绩效报告体系的考察及启示》，《中国财政》2011 年第 5 期。

[32] 赵俊杰：《美国联邦政府科研项目经费管理概况》，《全球科技经济瞭望》2011 年第 6 期。

[33] 郝凤霞、刘海峰、李晨浩：《欧盟框架计划研发项目管理机制及其借鉴》，《科技进步与对策》2012 年第 12 期。

[34] 李晓轩、黄鹏：《美国国立科研机构薪酬体制与启示》，《科学学与

科学技术管理》2007 年第 12 期。

[35] 吴卫红、杨婷、陈高翔、陈冬生、方勇：《美国联邦政府科研经费的二次分配模式及启示》，《科技管理研究》2017 年第 11 期。

[36] 朱建红：《美国国家科学基金会成立背景述评》，《自然科学史研究》2003 年第 2 期。

[37] 江笑颜：《美国、日本科学基金组织管理机制的经验借鉴》，《科技创新发展战略研究》2018 年第 3 期。

[38] 美国白宫预算与管理办公室网站（US Office of Management and Budget），https：//www. whitehouse. gov/omb/circulars_ a110/。

[39] 澳大利亚研究理事会网站（Australian Research Council），http：//www. arc. gov. au/。

[40] 美国国家科学基金网站（National Science Foundation），http：//www. nsf. gov。

[41] 英国研究理事会网站，http：//www. rcuk. ac. uk/funding/grantstcs/。

[42] 欧盟委员会网站（European Commission），http：//ec. europa. eu/research/participants/docs/h2020 – funding – guide/financial – instruments/financial – instruments_ en. htm。

[43] 日本学术振兴会网站（JSPS），www. jsps. go. jp/english。

[44] Martha Lair Sale, R. Samuel Sale, "Indirect Cost Rate Variation Determinantsin University Research, an Empirical Investigation", *Research in Higher Education Journal*, 2010 (6).

[45] Ana Grdovic, "Financial Regulations in Horizon 2020", University of Maribor, https：//www. um. si/kakovost/usposabljanje – zaposlenih/Lists/Usposabljanja2/Attachments/57/Grdovi% C4% 87_ Financial% 20regulations% 20in% 20Horizon% 2020 20. pdf.

[46] Branwen Hide & Nick Myer, July 2015, "H2020 Costing Guide", ht-

tps: //twiki. pp. rl. ac. uk/twiki/pub/Main/PpdBids/EC_ Horizon_ 2020_ General_ costing_ guide. pdf.

[47] Technopolis Group, "The Role of EU Funding in UK Research and Innovation, EU Funding Case Studies", https: //www. britac. ac. uk/sites/default/files/2017 - 05 - 22% 20TG% 20Role% 20of% 20EU% 20funding% 20 - % 20MAIN% 20FINAL. pdf.

[48] Natural Environment Research Council, Funding, http: //www. nerc. ac. uk/funding/.

[49] Biotechnology and Biological Science Research Council, Funding, Skills, http: //www. bbsrc. ac. uk/funding/.

[50] University of Birmingham, "Full Economic Costing, Examples of a Full Economic Costing", https: //intranet. birmingham. ac. uk/finance/fEC/Costing/index. aspx.

[51] Research Information Network factsheet, "Making Sense of Research Funding in UK Higher Education", September 2010.